데이터를 통한
고객과의
상호작용

목차

프롤로그 고객 데이터 기반의 공동가치를 창출하라 ⋯ 6

국립공원공단 ⋯ 10
자연생태계 보전과 지속가능한 탐방문화 정착에 앞장서다

국립광주과학관 ⋯ 28
호남권을 중심으로 과학문화의 확산과 대중화에 앞장서다

국립생태원 ⋯ 46
자연과 인간의 공존을 꿈꾸는 국내 최대 자연생태 플랫폼

축산물품질평가원 ⋯ 64
디지털 혁신으로 축산의 미래를 선도하다

한국공항공사 ⋯ 82
지역을 잇고 세계로 뻗어가는 초융합 글로컬 공항그룹

한국농수산식품유통공사 ⋯ 100
건강한 먹거리 공급을 위한 지속가능한 여정

한국소비자원 ··· 118
고객의 최접점에서 함께 열어갈 소비자 주권 시대

한국수자원공사 ··· 138
물관리 혁신으로 국민 물복지 실현을 앞당기다

한국수출입은행 ··· 158
수출기업의 든든한 조력자, 대한민국 경제성장을 견인하다

한국지능정보사회진흥원 ··· 176
AI 시대 선도하는 국가 정보화 싱크탱크

한국지역난방공사 ··· 194
청정미래 환경 앞당기는 친환경 에너지 공기업

프롤로그

고객 데이터 기반의 공동가치를 창출하라

바야흐로 고객경험(CX)이 화두인 시대다. 단지 어떤 필요에 의해 상품을 구매하는 소비의 개념을 넘어 특정 브랜드와 고객 간의 상호작용에서 발생하는 경험과 가치에 초점을 둔 소비가 늘고 있다.

고객경험은 긍정적인 상호작용과 경험이 브랜드 전반에 대한 인식과 인상에 상당한 영향을 미칠 뿐 아니라 기업의 사업 전반에 탁월한 가치를 창출한다는 점에서 기업 경영에서 선택이 아닌 필수로 인식되고 있다. 실제로 다수의 기업들이 고객경험 혁신에 집중하는 추세이며, 공공기관도 예외는 아니다. 특히 코로나19 이후 디지털 경제로 급격한 전환이 이뤄지면서 공공기관들은 고객만족경영 측면에서 온·오프라인을 넘나드는 새로운 고객경험을 만들고 고객 접점을 확대할 필요성을 인지하고 새로운 시도와 도전을 이어가는 중이다.

고객에게 만족스러운 경험을 부여하려면 우선 고객이 무엇을 필요로 하는지 알아야 한다. 그러려면 고객이 어떤 상황에서 제품과 서비스를 이용하는지 그 맥락을 이해해야만 한다. 하지만 고객과 공감대를 형성하고 저마다 다른 욕구와 니즈를 파악한다는 것이 말처럼 쉬운 일은 아니다. 이럴 때 유용한 것이 '데이터'다. 데이터는 고객의 요구를 정확히 이해하고 맞춤형 서비스를 설계함으로써 궁극적으로 고객만족도를 향상시키는 데 필요한 자원이자 핵심 동력이라 할 수 있다. 고객경험 혁신이 '고객에게 어떤 새로운 가치와 경험을 줄 것인가?'라는 질문에서 시작한다는 점을 떠올린다면 데이터가 고객 관점의 경험을 설계하는 데 얼마나 중요한지 새삼 강조할 필요도 없을 것이다.

고객이 공공기관의 서비스 이용 여정에서 남기고 간 발자취를 데이터라 한다면 이를 심도 있게 분석함으로써 고객의 관심과 의도를 파악할 수 있다. 이를 통해 고객이 원하는 서비스를 개발하고 고객과 접점을 늘릴 수 있게 된다. 이 책에 소개된 여러 사례에서 고객이 원하는 바를 정확히 파악하고 이를 만족시키기 위한 공공기관들의 실천 노력을 엿볼 수 있을 것이다.

특히 고객이 필요로 하는 바가 무엇인지 면밀히 분석해 전에 없던 새로운 가치와 경험을 제공하고자 한 여러 기관의 사례를 주목할 만하다. 한국공항공사는 음악 큐레이션 브랜드와 협업해 터미널 내 '테마가 있는 음악 서비스', 보안검색대 주변의 '시그니처 향기 서비스', 공항 문화의 날 '이륙위크(26week)' 운영 등 고객의 오감을 만족시키는 다양한 서비스로 공항의 공간력을 높이는 데 주력하고 있다. 국립공원을 찾는 탐방객과 산행 초보자를 위해 스마트워치와 스틱, 응급키트 등의 안전장비를 배낭으로 구성해 무료로 대여해주는 국립공원공단의 '안전배낭 무료 대여서비스'나 댐 일대에서 발생하는 폐플라스틱 문제를 해결하기 위해 한국수자원공사가 지역주민, 소비자단체 등과 함께 추진하는 '업사이클링 순환체계 조성 프로젝트'도 긍정적인 고객경험을 선사하기 위한 의미 있는 시도로 볼 수 있다. 한국지역난방공사는 고객 데이터를 기반으로 고객에게 필요한 서비스를 예측하고 현장 방문을 통해 통합 서비스를 제공하는 다양한 고객 맞춤형 제도를 시행 중이며, 축산물품질평가원은 축산물의 생산에서 소비까지 축산업 전반의 데이터를 모으고 연결한 '축산유통 디지털 플랫폼' 구축, 온라인 거래 활성화를 위한 온라인 경매 시범사업 등으로 고객 편의를 크게 증진시켰다.

 디지털 대전환이 가속화되는 시대 흐름 속에서 데이터 기반의 고객만족경영을 실천하는 일은 이제 상식처럼 받아들여지고 있다. 고객의 기대 수준은 지속적으로 높아지고 있으며, 소비 트렌드도

경험과 가치를 중시하는 방향으로 변화하고 있다. 그럴수록 공공기관들의 고객만족경영 고도화와 서비스 혁신을 향한 발걸음도 더욱 빨라지고 있다. 공공기관도 이제 단순히 서비스를 개선하는 수준을 넘어 고객의 선호도를 반영해 서비스를 개인화하고 의미와 가치를 더하는 데 중점을 두고 있다. 이는 고객의 기대에 부응하는 동시에 국민 삶의 질 향상과 사회적 신뢰 구축이라는 공공부문 전체의 공동 가치를 창출하는 길이기도 하다. 어려운 대내외 경영 여건에서도 고객만족경영과 사회적 가치 창출에 힘쓰고 있는 공공기관들의 노력이 우리 사회 전반의 공공 서비스 혁신으로 이어지길 기대한다.

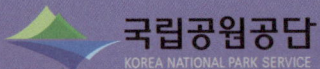

자연생태계 보전과
지속가능한 탐방문화 정착에
앞장서다

국립공원은 보전해야 할 가치가 있는
자연자원을 국가가 특별히 관리해 지속적으로
이용하기 위해 지정한 곳을 말한다.

자연의 '보전'과 '이용' 사이, 균형의 묘를 살리다

국립공원은 보전해야 할 가치가 있는 자연자원을 국가가 특별히 관리해 지속적으로 이용하기 위해 지정한 곳을 말한다. 1967년 지리산을 시작으로 2023년 팔공산에 이르기까지 전국의 아름다운 산천 23곳이 국립공원으로 지정됐다.

국립공원공단은 환경부 산하 준정부기관으로, 국립공원과 생태환경을 안전하고 쾌적하게 이용할 수 있도록 보전·관리하기 위한 목적으로 1987년에 설립됐다. 제주특별자치도가 관리하는 한라산국립공원을 제외한 22개 국립공원을 관리하고 있으며 동·서·중·북부 4개의 지역본부와 31개 지방사무소, 국립공원연구원, 야생생물보전원, 생태탐방원 등을 운영하고 있다. 주로 공원시설 유지관리, 야생생물 보호 및 복원, 자연공원에 대한 연구 조사, 탐방 프로그램 개발·교육 등의 업무를 수행하고 있으며 자연을 보전하고 방문객의 안전을 책임지는 '레인저(Ranger)'직을 비롯해 임직원 2,600여 명이 공원관리 업무를 맡고 있다. 레인저는 국립공원에서 자연을 보전하고 사람들의 안전과 질서를 지키기 위해 순찰하고 구조하는 등 국립공원 내의 일을 도맡는 국립공원공단 직원을 일컫는다.

국립공원공단은 설립 이래 '보전'과 '이용'이라는 상충된 가치 사이에서 균형과 조화를 이루며 자연생태계의 마지막 보루라 할 수 있는 국립공원을 가꾸고 지키는 파수꾼 역할을 수행하고 있다. 이 같은 기관의 성격에 따라 국립공원공단의 고객만족경영 방침에도 '생태건강'이라는 핵심가치가 녹아 있다. 이를 바탕으로 국립공원 생태계를 보전함으로써 미래가치를 높이고 모든 국민이 안전한 포용적 생태복지를 구현하기 위해 노력하고 있다.

국민 모두 즐길 수 있는
생태복지 구현에 초점

국립공원공단은 '우리는 자연을 보전하여 건강하고 행복한 미래를 열어간다'는 미션과 '국립공원의 미래가치를 창출하는 자연생태계 보전 선도기관'이라는 비전 아래 모든 국민이 안전하고 쾌적한 국립공원 탐방환경 속에서 공원자원을 즐기고 이해하는 탐방문화 조성으로 가치 중심의 국민 행복을 실현한다는 경영방침을 확고히 했다. 또한 국립공원이라는 장소가 탄소 저장고로서 기후변화에 대응하고 탄소중립을 실현하는 데 핵심 역할을 한다는 점에서, 국립공원을 잘 보전하고 그 가치를 증진시켜야 한다는 점을 강조한다.

이러한 경영 기조하에 2년 전 고객만족도 향상을 위한 중장기 계획을 수립했다. 최대한 많은 국민이 국립공원이라는 자연자원이 주는 혜택을 평등하게 누릴 수 있도록 하자는 기본 정신을 담아 '자연의 혜택을 나누고 마음을 이어주는 고객감동'을 고객만족 경영의 비전으로 삼았다. 자연생태계를 보전해야 하는 막중한 임무를 수행하는 만큼 무조건적인 고객서비스를 제공하기에는 한계가 있는 것이 사실이다. 그러한 한계에도 불구하고 보전과 이용이라는 가치 사이에서 균형 감각을 유지하며 다양한 계층의 수요를 충족시키려 애쓰고 있다. 이를 위해 국민의 여가 트렌드를 반영한 세대별 맞춤형 탐방서비스와 탐방약자를 위한 무장애탐방로 등 탐방인프라 확대를 통해 누구나 국립공원의 가치를 향유하고 즐길 수 있는 생태복지를 구현하는 데 중점을 뒀다.

국립공원공단은 고객만족도 향상 중장기계획 수립을 계기로 고객 중심의 조직문화 정착에 노력을 기울였다. 또한 '국립공원공단 고객서비스 헌장'을 제정해 서비스 이행 의지를 다지고 유형별 서비스 표준화를 위한 '서비스 이행표준'을 제정했으며, 전사적인 CS 역량 강화 교육을 주기적으로 시행했다. 고객 불만 해소와 전반적인 서비스 품질 향상을 위해 시민 모니터링단을 운영하는 한편, 유형별 고객의 소리(VOC)를 주기적으로 점검하고 개선 방안을 도출하는 프로세스를 마련했다. 그리고 고객에게 감동을 선사하는 탐방서비스를 제공하기 위해 국립공원에 특화된 프로그램을 개발하고, 기존 탐방서비스에 대해서도 차별화와 운영 전문성을 강화하는 데 주력했다. 이러한 노력은 자연스레 고객서비스 개선과 품질 향상으로 이어졌다.

사찰 문화재 관람료 폐지로
오랜 난제 해소

국립공원공단은 국립공원 이용에 따르는 여러 제약 사항에도 불구하고 민원 해소에 적극적으로 나서고 있다. 국립공원 이용과 관련해 꾸준히 제기된 민원은 국립공원 내 사찰 등에 대한 문화재 관람료 징수였다.

2007년에 국립공원 입장료는 폐지됐지만, 국립공원 내 사찰문

화재 관람료 징수 문제는 여전히 해묵은 난제로 남아 있었다. 국민 불편을 초래하는 오랜 과제를 해결하기 위해 국립공원공단과 환경부, 문화재청(현 국가유산청), 천은사 등 8개 기관이 머리를 맞댄 끝에 2019년 지리산 천은사 문화유산지구 입장료 폐지에 관한 업무협약을 맺고 입장료를 폐지하기로 했다.

  천은사는 1987년부터 국립공원 입장료와 함께 문화재 관람료를 징수했는데, 2007년 국립공원 입장료를 폐지한 후로는 탐방객들의 민원이 잇따랐다. 이에 관계기관들의 지속적인 협의를 거쳐 문화유산지구 지원사업 계획을 마련하고 예산을 확보함으로써 지리산 천은사에 대한 문화재 관람료 폐지라는 선례를 만들어낼 수 있었다. 국립공원 내 불교 문화유산의 보전은 지속하면서도 국민이 국립공원을 온전히 누릴 수 있게 하자는 의지를 갖고 관계 기관들이 대화와 타협으로 풀어낸 결과인 셈이다. 이는 탐방객 불편을 해소하면서 지역사회가 공생하는 '상생모델'로 평가받는다. 실제로 문화재 관람료 폐지 후 국립공원 탐방객은 12.5% 증가했으며, 지역상권 활성화에도 기여한 것으로 분석됐다. 기존 매표소는 사찰 안내소, 탐방지원센터 등으로 전환했으며, 천은사 인근 탐방로와 편의시설을 개선하는 '상생의 길' 조성사업도 추진됐다.

추첨제 도입으로
국립공원 야영장 예약 불편 해소

국립공원 야영장 예약 방식을 추첨제로 전면 개편한 것도 대표적인 민원 해결 사례로 꼽힌다. 캠핑 수요가 급증하면서 국립공원에서 운영하는 야영장은 깨끗하고 안전한 시설과 저렴한 비용으로 각광받고 있다. 그동안 국립공원 야영장 예약은 봄, 여름, 가을의 성수기 3개월 동안만 추첨제로 운영되고 나머지 기간은 선착순 방식으로 이뤄졌다. 그런데 점차 야영장 이용 수요가 늘어나는 상황에서 야영장 예약을 위한 경쟁이 과열되고 예약 과정에서 장시간 접속 대기해야 하는 문제가 발생했다. 특히 선호도가 높은 주말과 공휴일의 경우 접수 시작과 동시에 마감되는 문제로 이용자의 불만이 끊임없이 제기되어 왔다.

이에 국립공원 예약 시스템은 올해 2월 기획재정부가 주관하는 '공공기관 대국민 체감형 서비스 개선 방안' 과제로 선정됐다. 국립공원공단은 디지털 소외계층을 포함한 모든 국민에게 공평한 기회를 제공하고, 좀 더 계획적으로 국립공원 야영장을 이용할 수 있도록 야영장 이용 방식을 전면 추첨방식으로 전환했다. 이로써 올해 5월부터 2개월 단위, 연 6회에 이르는 연중 상시 추첨방식으로 전환됐으며, 기존 예약 조기 마감, 대기 시간으로 인한 불편을 해소할 수 있었다.

안전한 탐방환경 조성과 안전사고 예방에 총력

국립공원 탐방 과정에서 발생할 수 있는 안전사고 예방에도 만전을 기하고 있다. 코로나19 이후 야외 활동이 일상화되면서 국립공원을 찾는 탐방객과 산행 초보자가 늘었다. 그러면서 안전장비를 제대로 갖추지 않고 탐방에 나섰다가 부상을 입거나 사망하는 사례가 지속적으로 증가했다. 국립공원공단은 이 같은 사고를 막기 위해 '안전배낭 무료 대여서비스'를 시행하는 한편, 심장돌연사 예방을 위해 탐방로에 1~2km 간격으로 '고지대 안전쉼터'를 설치하고 있다. 안전배낭 무료 대여서비스는 아웃도어 업체로부터 스마트워치와 배낭, 스틱, 무릎보호대, 응급키트, 등산화 등의 물품을 후원받아 9종의 안전장비를 배낭으로 구성해 무료로 대여해 주는 프로그램이다. 탐방객 안전사고가 빈번한 북한산국립공원에서 운영 중이며, 서비스 실시 이후 안전사고 발생률이 지난해 대비 38% 감소했다. 탐방객의 호응도 좋아 올해 7월부터 설악산 등 9개 국립공원에서도 시행할 예정이며, 2026년까지 모든 산악형 국립공원으로 확대하여 적용할 계획이다.

한편 국립공원에서 발생하는 사망 사고의 주요 원인은 심장돌연사인 것으로 파악된다. 최근 5년간 국립공원에 발생한 사망 사

안전사고 예방을 위해 안전배낭 무료 대여서비스를 이용 중인 탐방객

고 67건 중 심장돌연사가 30건(45%)으로 집계됐다. 심장돌연사는 주로 지병이나 무리한 산행으로 인해 발생한다. 이에 국립공원공단은 심장돌연사 발생 위험이 높은 탐방로와 경사지에 안전쉼터를 설치해 탐방객이 충분히 휴식을 취할 수 있도록 유도하고 있다. 2024년 7월 기준 현재 315개소의 쉼터가 설치되어 있으며, 2025년까지 344개소로 확충할 계획이다. 안전쉼터 설치 후 탐방객 수가 증가했는데도 심장돌연사 발생률은 2022년 6건에서 지난해 4건으로 33% 감소했다. 국립공원공단은 앞으로도 국민이 안전하게 국립공원을 즐길 수 있도록 다양한 서비스를 적극 발굴해 시행한다는 방침이다.

안전사고가 발생하기 쉬운 고지대에 설치된 안전쉼터

국민 제안 반영한
반려동물 동반입장 시범사업

국립공원공단은 다양한 동식물의 서식지인 국립공원의 자연생태계 보전과 야생동물 서식지 안정화 등을 위해 자연공원법 제29조와 동법 시행령 제26조, 장애인복지법 제40조에 근거해 장애인 보조견을 제외한 개·고양이 등 동물을 데리고 입장하는 행위를 제한해 왔다. 그런데 최근 국민신문고 등을 통해 국립공원 내 반려동물 동반입장을 허용해 달라는 건의가 이어지자, 국립공원에서는 반려견 동반 입장에 관한 대국민 설문조사를 시행했다. 설문조사 결과 국립공원 내 반려동물 동반 입장을 찬성한다는 답변이 67%로 집계됐다.

이에 국립공원공단은 전문가의 자문을 얻어 광견병 예방접종 등 동반 입장의 기준을 마련한 데 이어 환경부 적극행정위원회에 이 안건을 상정했다. 이후 생태계 영향과 국민의 접근성 및 선호도를 고려해 지난해 11월부터 북한산 탐방로, 계룡산 야영장, 가야산 생태탐방원 등 3개소를 대상으로 반려견 동반 입장 시범사업을 시작했다. 국립공원 반려견 동반입장 조건에 따르면 최근 1년 이내 광견병 접종(증빙 서류 필요)을 완료한 체고 40cm 이하 반려견에 한해 동반 입장이 가능하며, 국립공원공단 홈페이지의 예약 시스템을 통해 반드시 예약해야 한다.

여전히 제약이 따르긴 하지만 국민 제안이나 민원을 바탕으로 규제를 개선한 적극행정의 대표적인 사례로 꼽을 만하다. 국립공원공단은 2025년 12월 말까지 시범사업을 운영한 뒤 사업 결과를 토대로 향후 정책 방향에 기초 자료로 활용할 계획이다.

ICT 기반 첨단기술로 탐방서비스 질 향상

우리나라의 국립공원은 대부분 격오지에 위치해 인공지능(AI), 사물인터넷(IoT) 등 첨단 산업기술 접목이 절실한 상황이다. 그러한 이유로 국립공원공단은 그동안 최신 정보통신기술(ICT)을 현장에 도입하려는 노력을 지속해 왔다. 이를 바탕으로 방대한 공원자원 조사, 탐방객 수 등 과거부터 축적해 온 다양한 데이터를 보유하고 있으며, 정책 수립 과정에서 기초 자료로 활용하고 있다. 이와 함께 보유 데이터 개방을 통해 민간기업과 활용 방안을 모색하거나 프로젝트 협업도 활발히 추진하고 있다. 최근에는 디지털 전환 흐름에 발맞춰 빅데이터, 로봇 등을 공원 관리에 적극적으로 활용 하고 있다.

과학적 공원 관리를 위해 민간 기업과의 협업도 추진한다. 지난해 8월 ESG(환경·사회·지배구조) 협력 기업인 포스코DX와 함께

AI 솔루션 기술을 활용한 동물 데이터 학습, 동물 움직임을 탐지하는 라이다 센서, 야생동물 출현 알림 LED 전광판, 야생동물 자동판별 시스템 등 신기술이 적용된 야생동물 로드킬 모니터링 및 예방 체계를 구축했다.

자연자원 보전 분야 이외에 탐방 안내 분야에도 여러 신기술을 도입했다. ICT를 활용한 GPS 기반 지오캐싱 프로그램이나 AI챗봇 서비스를 통해 자연환경해설사와 동행하지 않고도 원하는 시간에 언제든지 국립공원 자연환경 해설을 들을 수 있게 했으며, 국립공원 탐방안내소에 지능형 탐방안내 로봇 도입으로 장애인을 위한 자막 해설과 외국인을 위한 다국어 안내 서비스가 가능해졌다. 국립공원공단은 자연자원의 보전과 지속가능한 이용이라는 미션을 달성하기 위해 디지털 전환 시대에 맞춰 다양한 도전과 시도를 끊임없이 이어나갈 예정이다.

협력사들과 ESG 민관 파트너십 강화

국립공원공단은 전 세계적인 화두인 ESG 경영과 탄소중립 실현에도 앞장서고 있다. '자연과 사람을 잇는 그린 플랫폼'을 ESG 경영 비전으로 내걸고 사회적 책임 이행에 매진하고 있다. 특히 탄소중립형 사업 강화, 지역사회에서의 역할 확대, 국민 참여·협력·소통 활성화 측면에서 다양한 기업 및 기관들과 ESG 경영 파트너십을 강화하고 있다. 장애인 유튜버 양성·지원을 위한 유튜브 공모전 '꿈을 그린(Green)다'는 포스코 계열사와 한국지체장애인협회, 환경부 등 유관기관이 참여한 가운데 지난해에 이어 올해도 진행하며 긍정적인 평가를 받았다. 한국장애인개발원과 HD현대 1% 나눔재단이 함께한 '중증장애인 생물표본 제작사 양성·운영 워크숍'도 중증장애인의 사회적 자립과 전문 일자리 양성에 기여한 의미 있는 프로그램으로 평가됐다.

이외에도 다문화가정과 저소득층을 위한 '국립공원 숲속 결혼식', 탄소중립 문화 확산과 친환경 야영을 위한 '야영장 다회용기 대여 서비스', 휴식이 필요한 소방관·의료진·교직원·감정노동자 등을 대상으로 한 '치유 프로그램' 등을 통해 기업들과 사회문제 해결에도 심혈을 기울이고 있다. 국립공원공단은 앞으로도 다양한 ESG 경영 파트너와 함께 자연과 사람이 함께 어우러져 긍정적인 영향을 주고받을 수 있는 일이라면 무엇이든 실천하겠다는 의지를 내비치고 있다.

코로나 팬데믹 시기를 거치면서 국립공원은 편안하고 안전한 쉼터, 휴식과 치유에 좋은 공간이라는 인식이 강해졌다. 지난해 국립공원을 찾은 탐방객 수는 2020년 이후 12% 증가했으며, 외국인 탐방객은 286% 급증했다. 이러한 추세에 힘입어 국립공원

국립공원공단의 ESG 협력사인 포스코엠텍이 탐방에 어려움을 겪는 장애인의 편의 증진을 위해 산악용 전동휠체어를 후원했다.

국립공원공단은 장애인의 사회적 자립과 일자리 양성에 기여할 수 있는 프로그램 마련에 적극 나서고 있다.

공단은 '국립공원 탐방트렌드 전망 및 분석' 조사를 통해 탐방객의 관심사를 분석하고 이를 탐방서비스에 발 빠르게 반영하고 있다. 체류형 여행에 대한 관심을 반영한 '국립공원 머무름 여행', 외국인 탐방객을 대상으로 하는 'K-Outdoor 프로그램', 캠핑·차박 등을 선호하는 탐방객을 위한 '숲 체험시설·야영장 확대' 등의 프로그램이 특히 인기가 높다. 빠르게 변화하는 탐방트렌드 변화에 능동적으로 대응하며 자연환경을 지키고 올바른 탐방문화를 확산하고자 하는 국립공원공단의 다음 행보가 더욱 기대되는 이유다.

Interview

고객만족경영,
전사적 공감대 형성이 우선

서영교
탐방복지처장

Q 우선 처장님에 대한 간단한 자기소개 부탁드립니다.

국립공원공단 탐방복지처장으로 근무하고 있는 서영교입니다. 저희 부서는 사람과 자연의 공존을 목표로 국민의 다양한 요구를 충족시키는 최적의 탐방서비스를 제공하기 위한 업무를 수행하고 있습니다. 올해는 점자지도 제작 등 탐방약자를 위한 서비스를 다양화하고, 지역문화를 고루 체험할 수 있는 다양한 생태관광 프로그램을 마련하는 데 중점을 두고 있습니다.

Q 고객만족경영과 관련한 국립공원공단만의 차별화 포인트는 무엇인가요?

국민들이 국립공원을 찾는 이유를 생각해 보면 결국 자연 속 휴식을 원하기 때문이라고 생각합니다. 이를 위해 보다 많은 사람이 국립공원을 안전하고 쾌적하게 이용할 수 있도록 자연자원을 보호하고, 그 혜택이 미래 고객까지 이어지도록 하는 것이 중요합니다. 따라서 우리 공단은 현재 고객들이 조금 불편해하더라도 자연을 지키고 보존하는 것을 최우선 순위로 생각합니다. 고객의 편의를 위해 건물을 더 짓고 시설을 마련하기보다 제한으로 인한 불편함이 따르더라도 자연과 공존하는 가운데 다양한 서비스를 고객에게 제공하는 것이죠. 그리고 고객이 국립공원에서 얻은 경험을 특별함으로 승화하려 노력하는 것이 우리 기관만의 차별화 포인트가 아닐까 싶습니다. 결국 고객만족은 잘 보존된 자연에서 비롯되는 것이니까요.

Q 처장님이 추구하는 고객만족경영의 최우선 과제나 목표가 있다면 소개해 주세요.

고객만족경영은 무엇보다 직원들의 마음가짐이 중요합니다. 국립공원 이용객이 원하는 양질의 서비스를 창출하려면 공감대 형성이 필수적이라고 봅니다. 국민이 공공기관의 존립 기반인 만큼 서비스를 제공하는 직원 개개인이 고객만족경영을 해야 하는 이유에 공감하고 함께 같은 방향으로 나아갈 수 있어야 합니다. 이를 위해 직원 간 소통을 강조하고 있으며, 고객경영 추진 계획 전파, 우수 사례 발굴 및 공유, CS 역량 강화를 위한 CS워크숍, 친절직원 포상 등을 통해 CS경영 내재화에 중점을 두고 있습니다.

국립광주과학관

호남권을 중심으로 과학문화의 확산과 대중화에 앞장서다

국립광주과학관은 전국 5개 국립과학관 중 호남권을 대표하는 거점 국립과학관으로서 2013년 10월 개관 이래 첨단 과학기술문화 보급과 확산에 기여해 왔다.

일상 속 과학문화 향유를 위한 교두보

국립광주과학관은 전국 5개 국립과학관 중 호남권을 대표하는 거점 국립과학관으로서 2013년 10월 개관 이래 제주도를 포함한 호남권을 대상으로 과학기술문화 보급과 확산에 기여해 왔다. 다양한 과학 전시·교육·문화 행사를 기획·운영하고 있으며, 국민이 생활 속에서 과학을 문화로 향유할 수 있도록 과학기술과 국민을 잇는 가교 역할에 주력한다.

유례없는 코로나19 팬데믹의 영향으로 한때 관람객이 줄기도 했지만, 시민들의 관심과 성원에 힘입어 개관 10년 만에 누적 관람객 600만 명을 돌파하는 기염을 토했다. 올해에는 누적 관람객

700만 명을 달성할 것으로 예상되는 등 명실상부 대한민국 과학문화 확산의 중심에 서 있다.

탄탄한 연구·행정 바탕으로
고객만족경영 최우선

국립광주과학관이 짧은 기간에 관람객이 급증한 동시에 교육과 전시 분야 등 다방면에서 괄목할 만한 성과를 낼 수 있었던 것은 탄탄한 연구와 행정력을 기반으로 고객지향, 고객만족을 최우선으로 하는 경영전략이 뒷받침됐기 때문이다. 국립광주과학관은 '국민의 더 나은 미래를 위해 과학과 예술이 어우러진 소통의 장으로서 평생을 함께하는 과학관'이라는 미션을 앞세워 과학관 브랜드 가치 향상과 고객서비스 수준 제고를 통한 고객감동의 가치를 최우선으로 삼고 있다. 이를 바탕으로 국민의 눈높이에 맞는 교육 콘텐츠를 선보이며 창의적 미래 과학인재를 양성하는 요람이 될 수 있도록 다각적인 노력을 기울이고 있다.

그러한 노력의 결과, 국립광주과학관은 공공기관으로서의 책무 이행과 설립 목적인 과학문화 확산에 기여한 점을 높게 평가받아 정부 경영평가에서 매년 'S~A등급'을 오가며 우수한 성적을 거두고 있다. 아울러 기획재정부에서 시행하는 고객만족도 조사에서

지난해 10월 '과학과 발명으로 만나는 에코라이프'를 주제로 열린 '2023 광주과학발명페스티벌'

도 '우수' 등급을 획득하며 명실상부 국민에게 신뢰와 함께 사랑받는 기관으로 자리 잡고 있다.

또한 국립광주과학관은 각종 재난 상황에 대한 대응력을 향상시키기 위해 다양한 노력을 기울이고 있다. 행정안전부가 주관한 2023년 재난대응 안전한국훈련 평가에서 우수기관으로 선정되며 관람객이 걱정 없이 이용할 수 있는 안전한 전시관임을 입증했다. 특히 과학관 재난·재해 대응 매뉴얼의 흐름도를 보완하고 유관기관 협조 체계를 개선했다는 점에서 높은 평가를 받았다. 그 밖에도 공정채용우수기관 인증, 과학기술정보통신부 안전우수기관 표창, 여성가족부 가족친화 우수기관 인증 등을 통해 다수의 국가기관으로부터 그 성과를 인정받고 있다.

다채로운 체험형 전시품으로
생생한 경험 선사

국립광주과학관은 '빛고을' 광주에 자리 잡은 만큼 '빛, 소리, 우주 그리고 과학과 예술의 만남'에 특화된 전시 주제를 다루며 약 320점의 전시물을 선보이고 있다. 전시물의 80% 이상이 작동체험형으로 구성되어 관람객이 보다 과학을 놀이로 즐길 수 있도록 구성한 점이 특징이다. 이런 가운데 최근 몇 년간 꾸준히 상설전시관, 천체투영관, 4D영상관 등 대규모 시설을 확충하며 고객만족을 극대화하고 있다. 2022년 '어린이과학관'을 신규 개관한 데 이어 지난해 4월 21일에는 과학의 날을 맞아 '인공지능관'을 선보이는 등 새로운 전시·관람시설을 연이어 확충했다.

  최신 연출 기법을 도입한 전시관과 신규 전시물을 지속 개발하면서 변화와 혁신을 도모하고 있다. 지난해에는 상설전시관의 절반에 가까운 공간을 대대적으로 리모델링해 총 33점의 신규 전시물을 선보였다. 올해에도 상설전시관에 위치한 생활과학존을 리뉴얼하여 30여 점의 신규 전시품 교체를 추진하는 등 늘 새로운 콘텐츠로 관람객에게 다가가기 위한 노력을 이어가고 있다. 아울러 국내 최초의 360도 몰입형 영상관 '스페이스 360'의 고해상도 영상물을 최신작으로 교체하여 국민에게 사랑받는 과학 명소로 굳건히 자리매김하겠다는 계획이다.

'어린이과학관'을 찾은 어린이 관람객이 로봇과 가위바위보 대결을 펼치고 있다.

우주를 향한 인류의 탐험을 상징하는 '스페이스 오딧세이'

또 타 과학관에 비해 자연사 분야의 전시가 부족하다는 고객 의견을 수렴해 어린이들이 좋아하는 공룡화석은 물론이고 기후위기, 생물다양성 감소 등 환경문제까지 들여다볼 수 있는 자연사관을 새롭게 구축할 예정이다.

상설전시뿐 아니라 최신 과학 이슈와 대중의 관심을 반영한 특별전시도 국립광주과학관의 강점이라 할 만하다. 빛, 예술, 소리, 로봇, 우주, 해양, 미래도시, 우주항공, 자동차, 바이러스, 레오나르도 다빈치, 로마 과학기술 등 미시와 거시 세계를 아우르며 과거와 미래를 넘나드는 흥미롭고 다양한 주제로 관람객의 큰 호응을 얻고 있다. 올해 3월까지 3개월간 운영된 자동차 특별전 '신나는 자동차 세상'은 자동차의 역사와 구조는 물론, 미래까지 체험을 통해 살펴볼 수 있게 구성됐으며, 누적 관람객 3만여 명이 방문하며 큰 인기를 모았다. 또한 지난 6월 개막한 공룡특별전 '2024 다이노월드'는 개막 첫 주말에만 5,000명 이상의 관람객이 방문해 문전성시를 이루며 국립광주과학관 개관 이래 일일 최다 특별전 관람객 수를 기록했고, 개막한 지 한 달 만에 2만 명 이상이 다녀갔다. 공룡특별전 종료 후에는 전 국민의 관심사인 파리올림픽을 기념해 스포츠 속에 숨은 과학 원리를 체험을 통해 알아보는 스포츠 특별전(Are You Ready?)도 이어질 계획이다. 이처럼 국립광주과학관은 상설전시 이외에도 사회적 이슈나 국민적 관심이 높은 시의성 있는 주제를 선정해 특별기획전을 개최하면서 국민의

인산인해를 이룬 공룡특별전 '다이노 월드' 관람 모습

요구와 눈높이에 부응하고 있다.

또 과학관에서는 학생들이 학교에서 배운 과학 원리를 바탕으로 과학관에서 다양한 실험과 체험활동을 통해 자연스럽게 생활 속 과학을 습득할 수 있도록 다채로운 교육 프로그램을 운영하고 있다. 특히 각 주제에 맞게 심층 교육하는 '테마형' 과학교실의 인기가 매우 높다. 교육 프로그램은 ▲ICT 기술을 접하고 컴퓨팅을 배우는 'ICT랩' ▲국립광주과학관의 주제인 빛을 활용하여 다양한 실험 및 실습을 통해 빛의 특징을 이해하는 '빛 탐구실' ▲과학수사관이 되어 과학수사의 원리에 대해 학습하고, 사건현장을 조사하여 범인을 찾는 'CSI 과학수사대' ▲생명공학자가 되어 생명현상의 원리를 배우고 실험하는 '바이오랩' ▲의사가 되어 인체의 구조와 기능을 학습하고 체험하는 '메디⁺랩' ▲소형 목공기계를 이용하여 다양한 작품을 직접 제작하며 과학 원리를 쉽게 이해할 수 있는 '창의공작소' ▲알고리즘을 만들고 생활 속 문제를 논리적으로 해결해 보는 체험 중심의 융합 교육프로그램 'STEAM랩' 등 전문 과학교구를 활용해 생활 속 과학을 배울 수 있는 풍성한 프로그램으로 구성되며 한 해 10만 명 이상이 교육 프로그램에 참여하고 있다.

고객의 소리 귀 기울여
고객서비스 개선 지속

국립광주과학관이 제공하는 다양한 전시·교육 프로그램은 기본적으로 고객만족을 최우선으로 한다. 대국민 서비스의 수준 향상을 위해 해마다 고객만족도 평가 결과를 분석해 고객 관점의 서비스 보완 교육을 실시하고 있다. 또한 자체 고객만족도 평가를 매년 실시해 고객서비스 품질을 점검하고 개선 사항을 발굴하는 노력을 지속하고 있다.

　시설을 관람하고 프로그램을 이용하는 고객의 불편 사항이나 개선점을 발굴하고 과학관의 활동을 적극 알리는 국민소통 프로그램도 활발히 추진 중이다. 올해로 7년째 운영 중인 '사이언스맘

과학관 이용상의 불편사항이나 개선점을 발굴하기 위해 활동 중인 학부모 모니터링단 '사이언스맘 클럽'

클럽'은 성인 대상 국민소통 프로그램으로 기획된 학부모 모니터링단이다. 이를 통해 시설이나 프로그램 이용과 관련한 학부모의 불편 사항이나 참신한 아이디어를 받아들여 개선하는 데 즉각 활용한다. 올해는 과학관에 관심이 많은 학부모 23명으로 구성된 사이언스맘 클럽 7기가 공룡 특별기획전 및 과학발명아카데미에 대한 모니터링 활동과 함께 전시 만족도 조사를 통한 고객 의견 수렴, 주요사업 홍보 등 다양한 활동을 전개하고 있다.

청소년들로 구성된 홍보소통단 '루체스타(Lucestar)'의 활동도 활발하다. 국립광주과학관의 빛나는 별을 의미하는 루체스타는 2017년 27명의 학생으로 구성된 1기 활동을 시작으로 지난해 호남권역 초·중·고 100명의 학생으로 구성된 7기에 이르기까지 온·오프라인에서 각종 전시와 행사를 소개하는 '전파자'의 역할과 포스터, 영상, 실험 콘텐츠 등 과학 콘텐츠를 직접 제작하며 과학을 쉽고 재미있게 알리는 '과학 커뮤니케이터'로서의 역할을 충실히 수행해 왔다. 올해 101명의 학생으로 구성된 루체스타 8기는 6월부터 12월까지 총 7개월 동안 활동하는데, 6월 한 달 동안에만 공룡특별전 개막 축하 영상 출연, 필사이언스 강연 홍보·참여, 과학관 포스터 제작 등 130건의 활동을 펼치고 있다.

고객의 소리(VOC)를 수집하는 경로도 다각화하고 있다. 홈페이지 내 상단 메뉴에 '소통' 카테고리를 구성해 'Q&A', '고객의 소리', '칭찬게시판', '기업성장응답센터' 등을 운영하며 고객과 적극 소통하고 있다. 특히 '고객의 소리'란에 고객이 불편사항이나 개선 아이디어를 남기면 즉각 답변을 남기고 서비스 개선에 반영할 수 있도록 해당 게시판에 게시글이 등록되면 담당자에게 즉시 알림이 가도록 조치하고 있다. 기존에는 고객의 소리와 Q&A를 구분 없이 운영해 왔는데 올 초부터 이를 이원화해 운영하기 시작했다. 이후 단순 질의와 서비스 개선 관련 의견을 별도로 관리하게 되면서 더 효율적이고 적극적인 대응이 가능해졌다. 이와 함께 '기업성장응답센터'를 운영하면서 과학관과 함께 업무를 수행 중인 기업들의 애로사항을 접수해 기업에 불편을 초래하는 불합리한 규제, 제도나 관행 정비에도 힘쓰고 있다.

위기를 기회로…
시설 새 단장·콘텐츠 강화 노력

국립광주과학관은 2016년부터 누적 관람객을 매년 100만 명씩 경신하며 당초 2020년 500만 명을 달성할 것으로 기대했다. 하지만 코로나19 팬데믹의 영향으로 휴관이 이어지고 국민 안전을 위해 대면 행사를 최소화하면서 500만 명 달성은 뒤로 미룰 수밖에 없었다. 국립광주과학관은 팬데믹 위기 상황에서도 비대면 온라인 플랫폼을 활성화하며 과학문화 확산에 힘썼다. 이러한 노력으로 전시와 교육 프로그램 운영 면에서 시공간의 제약을 넘어섰다는 평가를 받았다. 과학관에 직접 방문하지 않고도 전시와 교육을 영상으로 체험할 수 있는 사이버과학관이 대표적이다.

사이버과학관은 시공간을 초월해 다양한 과학 콘텐츠 영상을 선보이며 과학문화 확산을 위한 새로운 플랫폼으로 자리매김하며 큰 호응을 얻고 있다. 지난해 사이버과학관을 통해 총 114건의 과학 콘텐츠를 공개하며 전년 대비 60% 증가한 9만 9,161건의 조회 수를 기록했다. 특히 자기부상열차 해설 영상(6,978회), 코끼리 치약실험(6,740회), 드라이아이스 실험(5,619회) 등의 콘텐츠가 큰 인기를 끌었다.

국립광주과학관은 팬데믹 기간을 관람객들에게 새로운 모습으로 다가가기 위한 전시관 리모델링 혹은 시설 확충의 기회로 활

새롭게 리뉴얼한 천체투영관 내부

용했다. 2022년 천체투영관(Planetarium)을 리뉴얼하면서 최신 성능의 천체투영 시스템과 디지털 프로젝터 등을 새롭게 갖추고 4K급의 선명한 화질로 흥미진진한 천체 관련 영상콘텐츠를 즐길 수 있게 됐다.

지난해 4월에는 국내 최초로 인공지능의 연구 성과와 미래 인공지능 세상을 구현한 인공지능관을 개관해 관심을 모았다. 인공지능관은 국립광주과학관 부지 내에 지상 2층, 연면적 1,730.73m^2 (전시 면적 968.65m^2)의 규모로 건립됐으며, 첨단 과학기술이 결합된 콘텐츠 체험관의 상징적 이미지를 '웜홀' 형태로 구현해 국립광주과학관의 독특한 건축물들과 조화를 이룬다는 평가를 받았다. 1층은 상징 전시품 'AI 타워'를 비롯해 과학과 예술을 인공지능과 접목한 체험 콘텐츠와 인공지능 연구 성과를 살펴볼 수 있는 전시품으로 구성됐으며, 2층 전시관은 나만의 아바타를 생성하고 이를 통해 미래 인공지능 세상을 만나볼 수 있는 전시품으로 이뤄져 있다.

창의적 미래 과학인재 양성의 요람

2016년 3월에 법정 기부단체로 지정된 국립광주과학관은 그해 7월 국립광주과학관후원회 창립 이후 지역 인재 양성과 과학문화 확산을 위한 과학꿈나무 후원사업을 활발히 전개하고 있다.

국립광주과학관후원회는 도서지역이 60%에 이르는 전라남도의 지리적 특성을 고려해 '찾아가는 과학관', '과학꿈나무 사이언스 캠프', '희망 과학꾸러미 나눔', '과학꿈나무 초청 행사', '휴관일 초청사업' 등 호남권역 소외지역의 과학문화 격차 해소를 위한 다양한 프로그램을 추진하며 사회적 책무를 다하고 있다.

찾아가는 과학관 사업은 과학문화시설이 취약한 지역의 학생과 주민에게 다양한 과학문화 체험서비스를 제공하는 사업으로, 국립광주과학관후원회의 후원금으로 운영된다. 올해도 5개월에 걸쳐 전남·북 및 도서·벽지 지역 초등학교 320여 명의 학생을 대상으로 운영된다. 세부 프로그램으로는 이동식 과학스쿨차량

(Science School) 및 천체관측차량(Star Car)을 이용해 과학쇼(로봇댄스 공연), 이동식 과학 전시물 관람, 천체 관측, 유리구슬 만화경 만들기 등 신기하고 재미있는 과학 체험활동이 마련된다.

찾아가는 과학관

과학문화를 향유하기 어려운 지역 소외계층과 장애인·다문화 가정 등 취약계층을 대상으로 매년 과학문화바우처 사업도 운영된다. 바우처는 상설전시관과 특수영상관을 이용할 수 있는 과학전시·체험 3종과 '신나는 별빛 과학캠프', '찾아가는 과학스쿨' 등을 이용할 수 있는 과학교육·체험 2종 등 총 5종의 맞춤형 과학문화상품으로 구성돼 이용객들의 큰 호응을 얻고 있다. 또한 매분기마다 과학관 휴관일에 지역 소재 특수학교, 다문화학교, 소외계층을 초청해 과학문화 나눔을 위한 맞춤형 행사를 진행하고 있다.

기존의 사회공헌 활동은 후원회를 중심으로 한 과학문화 확산 사업이 주를 이뤘다면, 최근 들어 지역 밀착형 사회공헌 활동의 비중을 확대해 가고 있다. 지난해에는 지역 내 고독사 위험군과 저소득 장애세대 및 독거노인 등 소외계층 300여 세대를 대상으로 김치 담그기 및 배달 봉사를 연 2회에 걸쳐 진행했다.

특히 올해는 과학관 관람 기회 증대와 함께 사회적 가치 실현의 일환으로 주요 계기별 무료 개관을 대폭 확대 추진하고 있다. 과학의 날 주간(4.19.~21.)뿐만 아니라 어린이 날 주간(5.4.~6.), 지역성을 반영한 5.18민주화운동 기념일(5.18.) 등 다양한 계기에 맞춰 무료 개관을 시행한 결과 하루에만 7,800명의 시민들이 방문하는 등 호응도 매우 뜨겁다.

지난해 개관 10주년에 맞춰 '빛나는 10년의 행보, 미래의 과학을 누리다'라는 비전을 수립한 국립광주과학관은 지난 10년의 성과를 토대로 다가올 10년을 준비 중이다. 개관 11주년을 맞은 올해에는 '창의적 미래 과학인재 양성의 요람'을 비전으로 삼고 고객만족경영에 만전을 기하고 있다. 변화하는 환경과 국민 요구를 반영해 '다양성, 참여, 융합, 순환'을 주요 키워드로 삼아 대한민국 곳곳에 과학문화가 깊게 스며들 수 있도록 역할을 다하고자 한다. 무엇보다 어린이, 청소년뿐 아니라 성인, 실버세대까지 모든 세대가 과학관을 쉼터 삼아 과학을 놀이처럼 즐겁게 즐길 수 있는 기반을 마련하는 데 주력한다는 방침이다.

Interview

즐길거리 가득한 시민의 과학놀이터를 꿈꾸며

이성배
홍보협력실장

Q 먼저 간단한 본인 소개 부탁드립니다.

국립광주과학관 홍보협력실장으로서 대외적인 업무협력과 더불어 방문객들에게 보다 나은 서비스를 제공해 고객만족도를 높이고자 소통 중심의 환류활동을 하고 있습니다. 또 공공기관으로서 사회적 가치 실현을 위해 후원회 운영을 바탕으로 과학문화 취약계층을 위한 초청 행사, 찾아가는 과학관 등 다양한 사업도 추진하고 있습니다.

Q 기관이 추구하는 고객만족경영의 방향은 무엇인가요?

저희 기관이 추구하는 고객만족경영의 방향성은 크게 2가지입니다. 첫째는 과학관이 시민들의 과학 놀이터로 자리매김하는 것입니다. 과학관이라 하면 어렵게 여겨질 수 있고, 과학이라는 분야 자체도 복잡하다는 인식이 있기 때문에 어쩔 수 없이 접근성이 떨어지는 측면이 있습니다. 따라서 이를 극복하고 과학관이 놀이터처럼 시민의 삶 속에 녹아내릴 수 있도록 가까이 다가가는 것이 중요한 과제입니다. 두 번째는 관람객의 저변을 넓히는 것입니다. 과학관을 찾는 주요 관람객은 학생이 많은 비중을 차지합니다. 평균 수명이 증가하고 갈수록 여가에 대한 중요성이 커지는 사회 분위기를 감안해 남녀노소 누구나 즐길 수 있는 공간으로 만들어나가려 합니다. 이를 위해 성인 대상 프로그램도 지속적으로 확충하고 있습니다.

Q 성공적인 고객만족경영을 위한 기관의 차별화 포인트는 무엇인가요?

저희 기관은 고객서비스 수준 향상을 위해 해마다 고객만족도 평가 결과를 분석해 고객 관점의 서비스 보완 교육을 실시하고 있습니다. 이와 함께 자체 고객만족도 평가를 연 1회 이상 실시해 고객서비스 품질을 점검하고 개선사항을 발굴하는 등 고객만족도 향상을 위한 노력을 지속하고 있습니다. 늘 고객의 눈높이에 맞춰 재미있고 유익한 콘텐츠를 제공하는 것은 물론, 관람객이 불편 없이 시설을 이용할 수 있도록 환경을 조성하는 데 최선을 다하려 합니다.

Q 올해 고객만족경영 측면에서 새롭게 추진하고 있는 점이 있다면 소개해 주세요.

올해 개관 11주년을 맞은 국립광주과학관은 방문객에게 늘 새로운 볼거리와 배울 거리, 그리고 즐길 거리를 제공하기 위해 부단히 노력 중입니다. 특히 그간 고객의 요구가 많았던 자연사 전시를 위해 예산을 확보하고 자연사관 구축에 박차를 가하고 있으니 조만간 과학관에서 공룡을 비롯한 다양한 자연사 분야 전시를 만나볼 수 있습니다.

자연과 인간의
공존을 꿈꾸는
국내 최대 자연생태 플랫폼

2013년 10월 28일 환경부 산하기관으로 출범한 국립생태원은 자연생태계 보전과 생태가치 확산이라는 소명을 안고 생태 관련 연구와 교육, 전시를 수행하기 위한 목적으로 설립됐다.

자연생태계 보전과
생태가치 확산에 앞장

2013년 10월 28일 환경부 산하기관으로 출범한 국립생태원은 자연생태계 보전과 생태가치 확산이라는 소명을 안고 생태 관련 연구와 교육, 전시를 수행하기 위한 목적으로 설립됐다. 5대 기후대의 생태계를 구현한 전시관 '에코리움'과 우리나라의 산림 생태계를 재현한 야외 공간을 통해 자연생태계를 체험할 기회를 선사하는 한편, 생태 연구를 선도해 국가 경쟁력을 높이고 국민을 대상으로 다양한 생태교육 프로그램을 제공함으로써 환경을 보전하고 올바른 환경의식을 함양하는 데 핵심 역할을 담당한다.
 기후변화 위기와 생물다양성 감소의 영향으로 자연생태계 보전, 자연과 인간의 지속가능한 공존이 글로벌 이슈로 대두되면서 국립생태원의 역할도 중요해지고 있다. 이 같은 흐름 속에서 국립생태원은 범지구적 기후위기 대응을 위해 국가 차원의 자연환경 보전 정책 지원에 적극 나서고 있다. 이와 더불어 자연이 주는 소중한 가치를 미래 세대가 함께 향유할 수 있도록 기후변화 연구, 생물다양성 보전, 자연환경 조사, 멸종위기종과 훼손 생태계의 복원 등 다양한 생태 연구와 글로벌 생태전시 및 교육사업을 선도하고 있다.

관람객 소통·안전 앞세워
고객만족도 제고

국립생태원은 자연생태계 보전과 복원을 위한 깊이 있는 연구와 조사를 수행하기도 하지만 대국민 접점에서 다양한 생태교육과 전시를 수행하는 주체로서 대국민 생태문화 확산에 기여하고자 노력한다. 특히 해마다 71만 명의 관람객이 찾는 생태전시 전문기관으로서 다양한 형태의 콘텐츠 보급과 사회적 약자에 대한 포용성 확대 등을 통해 전시서비스를 강화하고 있다. 다양한 방식으로 관람객과 소통하면서 누구나 안심하고 편리하게 전시를 관람할 수 있도록 쾌적하고 안전한 관람환경을 조성하려는 노력과 직

에코리움 주변에 조성된 수생식물원

행정안전부 주관 '2022 우수 어린이 놀이시설' 인증을 받은 국립생태원 생태놀이터

원들의 헌신적인 서비스 정신에 힘입어 최근 2년 연속으로 기획재정부 주관의 공공기관 고객만족도 평가에서 '우수' 등급을 받는 쾌거를 이뤘다.

국립생태원의 고객 중심 서비스 마인드는 고객만족경영 실현을 위해 설정한 4대 핵심 미션인 ▲관람객 직접 소통 강화 ▲안전하고 쾌적한 관람환경 조성 ▲누구나 즐길 수 있는 전시환경 ▲서비스의 시스템화에서 비롯된다. 앞서 국립생태원은 친환경 식물방제와 안전진단을 통해 누구나 안전하게 전시를 관람할 수 있는 환경을 조성했으며, 사고 유형 데이터베이스(DB) 구축 등의 노력으로 행정안전부 주관의 '2022년 우수 어린이 놀이시설' 인증을 획득한 바 있다.

올해 역시 이러한 기조를 이어가며 고객서비스 마인드를 내재화해 고객만족도를 한층 더 높인다는 방침이다. 지난해 12월에는 환경부 산하 공공기관 최초로 고객만족경영시스템(ISO 10002) 인증을 획득했다. 고객만족경영시스템은 국제표준화기구(ISO)가 제정한 고객만족경영 표준에 따라 고객의 요구와 기대에 체계적으로 대응하는 기관임을 증명하는 국제 표준 규격으로 고객불만사항에 대한 관리 체계를 심사해 인증 여부를 결정하는 국제적인 인증제도다. 국립생태원은 전시 관람객의 안전사고 예방을 위한 스마트 안전관리 시스템 운영, 관람객 입장 절차 간소화, 탄소중립인식 개선 프로그램 등 고객만족도 향상을 위해 노력해 39개 항목 모든 영역에서 적합 평가를 받았다. 이 인증 획득으로 국립생태원은 국제적으로 고객불만처리 체계를 갖춘 공공기관임을 입증한 셈이 됐다. 올해에는 고객만족경영시스템의 고도화와 내재화에도 주력할 계획이다.

　2022년부터 시작한 '고객감동 배로(Double), 안전사고 제로(Zero)' 캠페인은 연도별 시즌제로 구성해 올해 캠페인 시즌 3을 전개한다. 캠페인은 서비스 의식 고취·제도화, 실행·체득화, 대국민 소통·모니터링 강화, 환류·공유의 4개 카테고리와 12개의 세부 과제로 구성됐으며, 관람객에 대한 서비스와 안전 부분에 관한 종합 캠페인을 추진 중이다.

서비스 차별화로
신규 고객 유입 확대

국립생태원은 전시 고객 확충과 차별화된 콘텐츠 제공을 위해 다양한 방안을 강구하고 있다. 그중 대표적인 예가 열성 고객 확보 차원에서 운영 중인 연간회원제도다. 연간회원은 일반회원과 생태원에 특별히 기여한 이를 대상으로 하는 특별회원으로 구분된다. 연간회원이 되면 회원 기간 동안 전시관 무료 입장, 교육 프로그램 할인, 편의시설 이용료 감면, 각종 행사 공연 우선 예약, 회

국립생태원 연간회원 1,000번째 가입 회원인 이다슬 씨의 장녀가 기념 촬영을 하고 있다.

원가족 특별 교육, 기관 간 상호 할인 제공, 생태원 소식 정보 알림 등 각종 서비스 혜택이 제공된다. 연간회원 도입 첫해인 지난해에만 1,500명이 가입한 데 이어 회원당 평균 재방문 4.4회, 운영 만족도 97.7점, 재가입 의사 98.6점이라는 성과를 거뒀다. 올해에는 연간회원 대상 혜택을 늘려 연간회원 특별 프로그램 개발, 일반 관람객 비공개 구역 특별 관람 서비스 제공, 생태원 알림 서비스 강화 등 좀 더 다양한 서비스를 제공할 예정이다.

국립생태원만의 차별화된 전시 콘텐츠는 생태 연구를 기반으로 한 전시와 실제 살아 있는 생물 전시라고 할 수 있다. 국립생태원이 보유한 '에코리움'은 한반도 생태계를 비롯해 열대, 사막, 지중해, 온대, 극지 등 세계 5대 기후와 그곳에 서식하는 동식물을 한눈에 관찰하고 체험할 수 있는 고품격 생태전시 공간이자 교육 공간이다. 지난해에는 생태 연구 전문기관의 특성을 살려 연구 성과와 연구 현장의 생생함을 전시 콘텐츠로 활용했다. 멸종위기종을 주제로 한 기획전 '사라져가는 친구들'이 대표적이다. 특수기법을 활용한 전시 연출로 멸종위기종에 대한 우려를 표현함으로써 멸종위기동물에 대한 국민적 관심과 인식 개선을 유도했다는 평가를 받았다.

방문 관람객을 대상으로 하는 전시뿐 아니라 찾아가는 전시 및 가상공간 전시 비중도 높였다. 지난해 환경부 산하기관, 국방부, 지자체 등 여러 정부 부처 및 기관과 활발한 협업으로 공동 전시를 추진했으며, 글로벌 온라인 플랫폼 전시, 메타버스 전시·교육 플랫폼, 디지털 체험 미디어월 등 다양한 가상공간 전시 콘텐츠를 앞세워 더 많은 이들에게 전시 체험 기회를 제공했다. 이처럼 찾아가는 전시 콘텐츠의 저변을 확대함으로써 문화 향유 기회를 얻은 관람객은 지난해 대비 1.6배 증가한 460만 명으로 역대 최고치를 달성했다. 올해에는 민간 중심의 수요자가 많은 수도권 지역에 생태전시 서비스를 제공할 예정이며, 가상공간을 활용한 글로벌 관람객 확보를 위한 전시 콘텐츠 다양화 노력도 병행할 계획이다.

예술과 생태를 접목한 복합문화공간을 조성해 관람객에게 생태문화예술 향유 기회를 제공한 것도 의미 있는 성과로 꼽힌다. 지난해 지역 예술가와 협업을 통해 생태음악회를 3회 추진했으며, 야외 유휴 공간을 활용한 조형물 전시회도 개최했다. 지역 예술가의 위상을 높이고 관람객에게 다양한 생태예술 감상의 기회를 제공했다는 점에서 긍정적으로 평가됐다. 지난해 생태음악회 기간 입장객은 전년 대비 29% 증가한 1만 3,000명을 기록했으며, 생태예술전시회 기간에 관람객 만족도는 상반기 95점에서 하반기 98점으로 3점 증가하는 성과를 올렸다. 향후에도 생태문화예술 프로그램의 주제를 다양화하고, 전 연령층을 고려한 주제 발굴,

지난해 국립생태원 개관 10주년을 기념해 서문 잔디광장에서 개최한 재즈음악회 '2023 에코재즈페스타'

계절별 프로그램 운영 및 학생·청년·중장년 진행 예술 프로그램 발굴 등의 노력으로 생태문화예술업을 확대할 예정이다.

온라인 판매·확대, 기관 홍보 등
관람객 유치 활동 다각화

온라인 입장권 판매 확대도 적극 추진하고 있다. 기존 오프라인 위주의 발권 시스템에서 벗어나 지난해 처음으로 온라인 할인 제도와 예약 시스템을 도입했다. 이를 통해 온라인 사전 예약 고객에 대한 입장료 할인(10%) 제공, 매표 및 입장 시간 단축 등의 국민 편익을 증진했다. 올해에는 소셜커머스, 오픈마켓 등 다수의 온라인 플랫폼을 통한 입장권 판매를 확대할 계획이다.

지역 관광과 연계한 다양한 상품 개발도 추진한다. 충남의 대표 관광지로서 지역 관광과 연계한 충남 투어패스 운영을 통해 관광객을 대상으로 한 할인 및 관광 편의를 제공하는 등 저렴한 비용의 관광 통합서비스를 다수 개발할 예정이다.

이외에도 방문객 유치를 위한 프로그램과 서비스 개발, 마케팅 활동을 활발히 펼치고 있다. 대국민 ESG 실천 문화 행사에 참여해 약 79만 명을 대상으로 기관 홍보와 캠페인을 벌였으며, 글로벌 관람객 유치를 위해 프로그램 다변화에 힘을 기울였다. 특히

단체 관람객 유치를 위해 초·중·고 현장학습 유치, 기업 노동조합 연수 프로그램 협약 추진 등으로 단체 관람객 수가 전년 대비 18% 증가한 8만 명이었고, 지역 방문객 유입을 위한 동반 할인권 배포, 생태음악회 개최, 기관 간 제휴 할인 등의 노력으로 코로나19 이후 최대라 할 수 있는 59만 명의 관람객이 방문하는 성과를 거뒀다.

　이는 코로나19 이전 연간 관람객은 2019년 82만 명에 이르렀으나 코로나19 유행 시기에 20여만 명 수준으로 급감한 데 따른 대응 전략이다. 이를 극복하기 위해 메인 전시관인 에코리움을 온라인으로 즐길 수 있는 '5대 기후관 360° 둘러보기', 비대면 생태해설 프로그램 '내 손안에 에코리움', '폰카로 보는 VR 해설' 등 각

에코리움 극지관에서는 실제 펭귄을 만나볼 수 있다.

종 비대면 콘텐츠 개발에 지속적으로 힘써왔다. 또한 디지털 전시 분야 활성화를 위한 게임형 전시 콘텐츠 제작과 글로벌 온라인 전시 플랫폼에 대한 'DMZ 생태이야기' 스토리 론칭 등 시공간에 제약이 없는 디지털 기반 전시서비스 개발에 박차를 가하고 있다.

생태정보포털시스템 '에코뱅크'를 통한 생태 빅데이터 제공

전시·행사 분야 외에도 환경 보전의 기반이 되는 생태 연구기관으로서 다양한 생태정보를 수집·공유하기 위한 전문 플랫폼 '에코뱅크'를 운영하고 있다는 점도 주목해야 할 성과다. 에코뱅크는 국립생태원이 2019년 구축한 생태정보 통합 플랫폼으로, 전국자연환경조사, 생태계 정밀조사, 생태·자연도 등 그동안 국립생태원이 조사·연구한 생태정보를 비롯해 국내외 생태계 관련 정보를 통합해서 담아낸 시스템이다. 에코뱅크는 ICT 기반의 스마트·지능형 생태정보 융합 플랫폼으로, 사용자 요구에 맞춘 맞춤형 생태정보 서비스를 제공하며, 이를 활용하면 국립생태원 등 국내 유관기관에서 생산된 연구 자료 및 문헌 등의 생태정보를 한 번에 쉽고 편하게 제공받을 수 있다.

　에코뱅크의 자료는 다양한 분야에서 활용된다. 교육·연구 분야

올해 어린이날을 맞아 열린 '생태로운 어린이날' 행사에서 나비 방사 체험이 진행됐다.

에서 생태학 및 환경학 관련 학습 자료가 필요하거나 정책·의사 결정 분야에서 정책 입안자들이 실시간 생태정보와 보고서를 바탕으로 객관적인 생물·생태계 정보를 검토하고자 할 때 유용하게 쓰인다. 환경영향평가 기업들은 사업 수행 과정에서 에코뱅크가 제공하는 맞춤형 정보를 활용할 수 있다. 일반 국민도 다양한 용도로 활용 가능하다. 생태관광을 계획 중이거나 보호지역 및 자연환경에 대한 정보를 얻을 때 이용하면 좋다.

에코뱅크의 이용자 수도 매년 증가하는 추세다. 2022년 47만 명의 방문자가 다녀갔고, 지난해에는 방문자 수가 50만 명을 넘어섰다. 이처럼 에코뱅크는 교육, 연구, 정책 및 의사결정, 생태관광 등 다양한 분야에서 생태정보를 활용할 수 있는 중요한 플랫폼으로 자리매김하고 있다. 국립생태원은 지속적인 생태정보 업데이트와 시스템 개선으로 사용 편의를 높이고 있다. 앞으로도 에코뱅크 고도화를 통해 사용자 편의성을 강화하고 서비스를 개선해 나간다는 방침이다. 특히 인공지능(AI) 기반의 생태정보 융합 플랫폼을 구축하고, 실시간 생태정보 수집 모니터링 체계를 마련해 데이터 품질을 강화할 계획이다.

자연과 인간의 공존을 위한 ESG 경영 노력

국립생태원은 우리나라를 대표하는 생태 연구 전문기관으로서 ESG(환경·사회·지배구조) 경영 측면에서 자연과 인간의 공존을 위해 남다른 노력을 기울이고 있다. 2022년 ESG 경영전략 수립 이후 지난해에는 다양한 분야의 전문가가 참여하는 ESG위원회를 발족했다. 지속가능경영보고서를 발간하며 ESG 경영 확대를 위한 다양한 활동과 주요 사업 성과를 국민에게 공유하고 있다. 기후위기 대응을 위한 연구와 생물다양성 보전, 국가 생태계 조사를 통해 한반도 생태계의 건강성 유지에 기여하고 있으며, 이러한 연구 결과를 바탕으로 국민이 쉽게 이해할 수 있도록 다양한 전시와 교육 프로그램을 운영 중이다.

그중에서도 특히 주목할 만한 사업은 많은 관심이 집중되고 있는 '멸종위기종-ESG 협력사업 모델'이다. 기업들이 멸종위기종 보전사업에 기여할 수 있도록 참여를 촉진하고 올바르게 복원사업을 진행할 수 있도록 맞춤형 ESG 협력모델을 개발해 컨설팅을 지원하는 사업이다. 또한 기업의 멸종위기종 보전 활동을 인정하는 '후원인정제'를 운영하며 ESG 워싱을 방지하고 기업의 ESG 경영 실효성을 높일 수 있도록 독려하고 있다. 이러한 노력을 인정받아 '2023년 K-ESG 경영혁신 대상'에 이어 '제19회 2024 대한민국 환경대상' ESG 경영 부문 본상을 받았다.

국립생태원은 설립 이래 지난 10년간 수준 높은 생태정보 확보와 생태계 기후변화 대응 체계 구축, 외래종 퇴치, 멸종위기종 복원 등 다양한 연구 성과를 이뤘다. 또한 673만 명의 관람객을 유치하고, 35만 명을 대상으로 생태교육을 실시하며 생태가치 확산이란 뚜렷한 족적을 남겼다.

국립생태원은 '자연과 인간의 공존을 위한 국가 자연생태 플랫폼'이라는 비전을 설정하고 미래 10년을 향한 새로운 도약을 꿈꾸고 있다. 국가 생태환경 조사 표준화, 생태계 건강성 확보 및 변화 대응, 국민참여 생태가치 확산, 지속가능한 공공성 확립 등을 목표로 향후 미래를 설계해 나간다는 방침이다. 헌신적인 고객서비스 마인드를 앞세워 자연생태계 보전과 생태가치 확산이라는 변치 않을 소명과 책무를 다하겠다는 국립생태원의 활약상을 기대할 만하다.

Interview

고객만족을 넘어 고객감동을 실현하겠습니다

박주영
전시교육본부장

Q 우선 본부장님에 대한 간단한 소개 부탁드립니다.

국립생태원 전시교육본부장으로서 한반도 생태계를 비롯한 열대, 사막, 지중해, 온대, 극지 등 세계 5대 기후와 그곳에서 서식하는 동식물을 한눈에 관찰하고 체험해 볼 수 있는 고품격 전시·교육 업무를 총괄 관리하고 있습니다. 또한 국민을 대상으로 생태계에 대한 다양한 체험과 배움의 장을 제공하고 환경 보전과 올바른 환경의식을 함양하는 데 기여하고 있습니다.

Q 고객만족경영과 관련한 국립생태원만의 차별화 포인트는 무엇인가요?

지난해는 국립생태원이 설립 10주년을 맞은 해였습니다. 10년의 세월이 흐른 만큼 전시 콘텐츠를 비롯한 많은 시설물의 컨디션을 처음처럼 유지하기란 어려운 일입니다. 그러나 관람객을 맞이하는 직원들의 친절함과 열정은 초심을 잃지 않았다고 봅니다. 평소 고객만족을 강조하곤 하지만 이에 앞서 선행돼야 하는 부분은 관람객의 안전이며, 세심한 배려와 서비스로 감동을 줘야 한다는 점입니다. 이러한 마음가짐이 2년 연속 공공기관 고객만족도 평가에서 우수 등급을 달성할 수 있었던 요인이 아닐까 싶습니다.

Q 올해 고객만족경영의 최우선 과제나 목표는 무엇인가요?

크게 4개 분야에서 고객만족경영 활동에 중점을 두고 있습니다. 우선, 대면·비대면 방식을 통해 고객과의 소통을 강화하고 있습니다. QR 코드를 이용한 상시 의견 수렴, 우수 고객제안에 대한 보상 제도 등도 마련할 계획입니다. 둘째, 국립생태원을 방문하는 관람객이 미처 생각지 못한 작은 부분에서 감동을 받을 수 있는 서비스를 제공하고자 합니다. 예를 들면 야외 벤치에 이물질 제거용 손빗자루 비치, 어린이 전용 변기커버 설치 등과 같은 서비스로 소소하지만 작은 배려를 실천하고 있습니다. 셋째, 누구나 즐길 수 있는 전시 공간을 운영함으로써 고객만족경영을 실천하고자 합니다. 이를 위해 올해 에코리움의 5대 기후관을 오감을 통해 경험할 수 있는 오감 체험존을 신규 조성해 장애인을 비롯한 누구나 즐길 수 있는 유니버설 체험존을 운영 중입니다. 마지막으로 노후된 전시 시설을 개선해 새롭고 쾌적한 전시환경을 유지하고자 합니다. 노후된 에코리움 열대관 관람로와 구름다리 개선 공사와 함께 야외 구역 대형 LED 전광판 신규 설치를 추진할 계획입니다.

축산물품질평가원
Korea Institute for Animal Products Quality Evaluation

디지털 혁신으로
축산의 미래를 선도하다

농축산물 시장 개방 확대 흐름 속에서
우리 축산물의 품질 경쟁력을 높이기 위해
1989년 축산물 등급판정제도 도입과 함께 설립된
농림축산식품부 산하 공공기관이다.

생산·유통·소비를 아우르는
축산유통 전문기관

축산물품질평가원은 농축산물 시장 개방 확대 흐름 속에서 우리 축산물의 품질 경쟁력을 높이기 위해 1989년 축산물 등급판정제도 도입과 함께 설립된 농림축산식품부 산하 공공기관이다. 설립 초기에는 축산물등급판정소라는 명칭으로 불리며 축산물 등급판정사업을 주로 수행했다. 그러다가 점차 축산물 이력 관리사업, 유통정보 조사사업 등으로 사업을 확대하며 축산유통 전문기관으로 거듭났다. 기관 명칭도 축산법 개정과 함께 2010년 축산물품질평가원으로 조직을 확대·개편하기에 이르렀다.

　지금은 대부분의 국민이 소고기 등급에 대해 잘 알고 있을 정도로 인식 수준이 향상됐지만, 등급판정제도 도입 당시만 해도 도축장 시설 수준이 열악한 데다 축산농가도 등급에 대한 인식이 낮아 등급제도 도입에 어려움이 많았다. 이후 축산물품질평가원이 주 고객인 축산농가와 도축장 종사자, 유통업자를 대상으로 등급제에 대한 교육과 컨설팅을 꾸준히 실시함에 따라 축산물 등급제가 안정적으로 정착될 수 있었다. 이는 축산농가의 수익 향상으로 이어졌을 뿐 아니라 축산물 등급은 소비자의 구매 지표로 인식될 만큼 활용도도 높아졌다.

국내산 축산물에 대한 이력제(시범)사업을 실시한 것은 2004년부터다. 축산물 이력제는 가축의 출생부터 도축·포장·처리·판매까지의 정보를 기록·관리해 위생·안전 문제가 발생할 경우 이력을 추적해 신속하게 대응하기 위한 제도다. 이전까지만 해도 축산물, 특히 한우의 경우 시장에서 부정육, 둔갑육이 유통되면서 소비자의 불신이 높았으나, 축산물품질평가원이 축산물 이력 관리 체계를 구축·관리하면서 축산물 안전성에 대한 소비자 신뢰 제고와 더불어 축산업의 질적 성장 효과를 이끌어낼 수 있었다.

또한 2012년부터 축산물 가격, 유통 경로, 비용 등의 정보를 조사·발표하는 유통정보 조사사업을 수행하기 시작했다. 최근 축산물 유통의 중요성이 증대되면서 축산물의 특성 정보 제공, 유통 과정의 디지털화, 수급 안정 등 축산물 유통과 관련한 정부 정책 지원 업무도 늘어나는 추세다. 특히 축산물 수급 지원, 한우 수출 지원, 축산물 온라인 경매, 스마트 축산 등 축산 유통 전문기관으로서 사업 영역을 확대하며 고객에게 더 많은 가치를 전달하고 국내 축산업 발전에 기여하려 노력하고 있다. 현재 축산물품질평가원은 본원을 중심으로 전국 10개 지원 조직망을 갖추고 농가 현장에서 고객들과 함께 호흡하며 축산물 유통 관리에 만전을 기하고 있다.

엄격한 품질관리로
축산유통 안전성 제고 앞장

축산물품질평가원의 고객지향적인 경영방침은 기관의 미션에서도 잘 드러난다. '축산유통의 발전을 통해 국민행복에 기여한다'는 미션을 바탕으로 고객에게 최상의 서비스를 제공해 축산업 발전에 기여한다는 것이 축산물품질평가원의 확고한 방침이다. '축산의 미래를 선도하는 축산유통 전문기관'을 목표로 고객에게 최상의 서비스를 제공해 축산업 발전에 기여해 왔다는 점은 축산물품질평가원 구성원의 자부심이기도 하다.

 축산물 품질과 안전성은 국민 먹거리 안전과 직결된 문제이기 때문에 엄격한 품질 관리가 핵심이다. 축산물 품질평가와 축산물 이력 관리 업무를 수행함에 있어 고객의 신뢰를 확보하는 것이 최우선이기 때문에 객관적인 기준 수립, 효율적인 데이터 관리와 정확한 품질 정보 제공을 위한 노력은 기본이다.

축산물품질평가원은 과학적인 기준에 따라 7가지 국내산 축산물 품질을 평가해 등급을 부여하고 있다. 축산물 등급제는 정부가 정한 일정한 기준에 따라 축산물 품질을 차별화함으로써 소비자에게 구매 지표를 제공하고 생산자에게는 좋은 품질의 축산물을 생산하게 해 축산물 유통을 원활하게 하는 수단이 된다.

축산물품질평가원은 지속적으로 다양한 연구 과제를 수행하며 품질평가 체계를 고도화하는 데 주력하고 있다. 또한 등급판정 결과를 유통 거래 지표와 연계함으로써 투명한 유통 시장을 조성하고 소비자 품질 선택권을 강화했다. 디지털 전환을 통한 소 등심

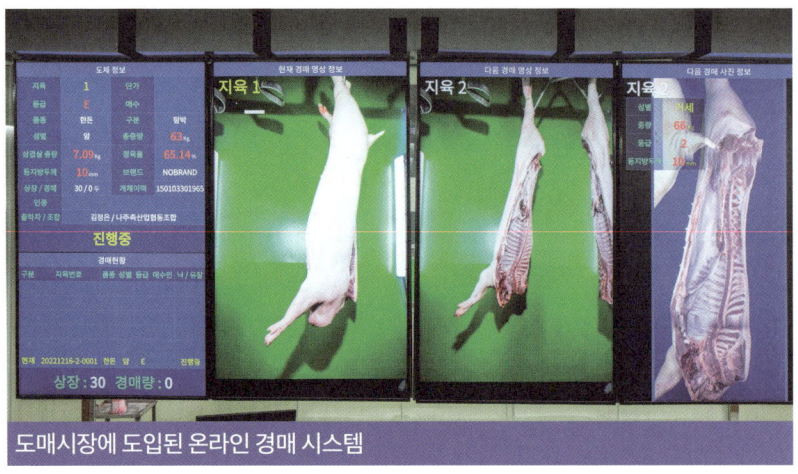

도매시장에 도입된 온라인 경매 시스템

영상 분석 장비 개발, 돼지 기계 분석 확대, 계란 비파괴 신선도 측정 연구 등의 기반을 조성하는 데도 박차를 가하고 있다. 축산물 이력 관리도 축산물품질평가원의 핵심 사업 중 하나다. 농림축산식품부로부터 소, 돼지, 닭, 오리, 계란에 대한 이력 관리 업무를 위탁받아 수행 중이다. 축산물에 이력번호를 표시하고 생산·유통·소비까지 모든 이력 정보를 온라인상에 투명하게 공개해 신뢰를 확보하고 있다. 이와 함께 주요 축산물의 유통 단계별 가격과 통계 정보, 보고서 등으로 정보를 수집하고 신속하게 제공하는 축산유통 정보사업을 통해 시장 출하와 매매에 관한 의사결정을 원활하게 하고, 다양한 유통 주체가 능동적으로 축산유통 환경 변화에 대처할 수 있도록 돕고 있다.

축산유통의 디지털 전환으로 고객편의 극대화

주요 핵심 사업들이 축산유통 과정의 다양한 이해관계자를 대상으로 하기에 축산물품질평가원은 지속적으로 고객 맞춤형 서비스를 제공하며 고객만족도 향상에 힘써왔다. 특히 전 세계적인 디지털 전환 기조에 맞춰 축산물의 생산에서 소비까지 축산업 전반의 여러 기관과 협업을 통해 흩어져 있는 데이터를 모으고 연결함으로써 행정 효율화는 물론, 산업 성장 지원, 대국민 서비스 강화에 기여할 '축산유통 디지털 플랫폼'을 구축해 나가고 있다.

축산유통 거래 시 필요한 대부분의 행정절차를 한 자리에서 처리할 수 있는 통합 시스템 '축산물 원패스'가 대표적인 사례다. 그동안 축산유통 과정에서 필요한 여러 증명서류로 인해 고객의 불편을 초래하고 종이 낭비가 심하다는 지적이 많았다. 이에 따라 웹 버전의 '축산물거래증명통합시스템'과 모바일 버전의 '축산물 원패스'를 통합 운영하고, 5개 기관의 서류 7종을 통합해 축산물 유통 과정에 필요한 여러 증명서를 한 장으로 발급받을 수 있게 함으로써 고객 편의를 크게 향상시켰다. 또한 전자문서 지갑을 활용해 통합증명서를 발급하며 종이 없는 유통환경을 조성했으며, 이로 인해 약 53억 원의 비용 절감 효과도 발생했다.

온라인 거래 활성화 차원에서 시행 중인 온라인 경매 시범사업도 디지털 전환의 대표적인 사례로 큰 호응을 얻고 있다. 지난해까지 7개 공판장과 도매시장에 온라인 화상 경매 시스템을 구축함으로써 중도매인 등이 도매시장에 직접 방문하지 않고도 어디에서든 실시간으로 경매에 참여할 수 있는 환경이 조성됐다. 경매 품목도 돼지고기 지육(도체)에서 다변화해 소고기 부분육까지 확대됐다. 온라인 경매는 구제역, 코로나19 팬데믹 등 가축 질병이나 재난이 발생할 때마다 돼지고기 경매율이 급락하는 등 축산업계의 어려움이 가중됨에 따라 위기 타개책으로 시행됐다. 축산물

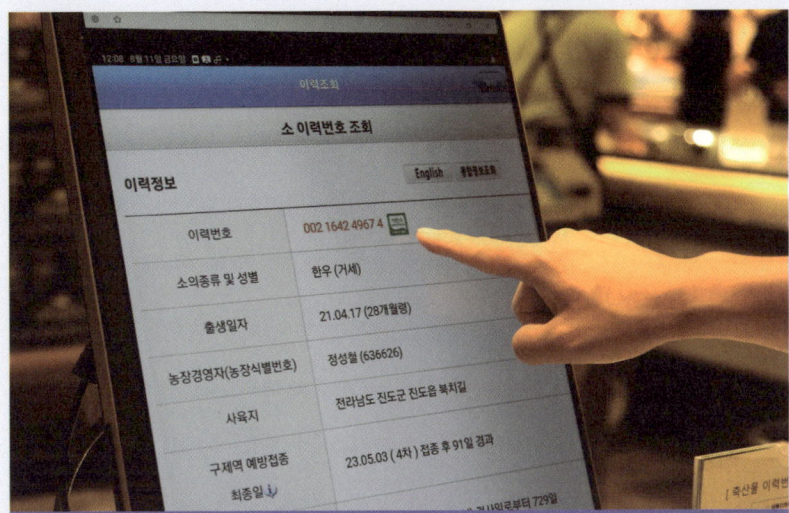

앱을 활용해 축산물 이력번호를 조회하면 품종, 출생 일자, 도축 및 가공 정보 등 각종 정보를 확인할 수 있다.

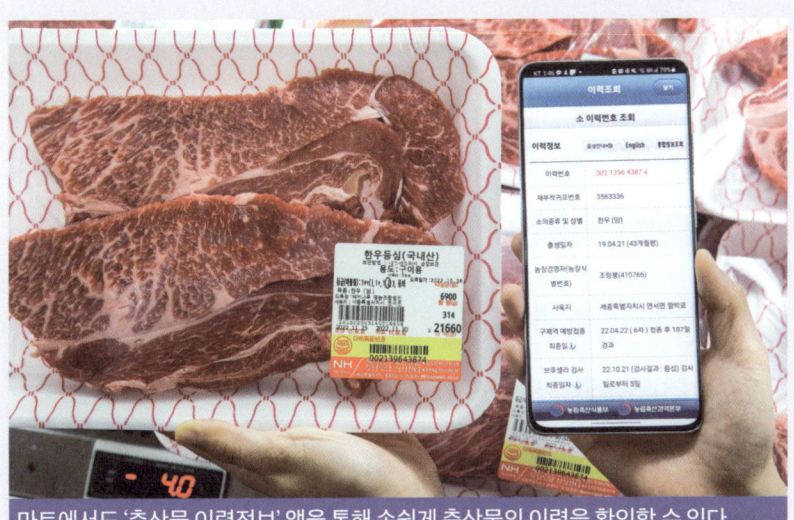

마트에서도 '축산물 이력정보' 앱을 통해 손쉽게 축산물의 이력을 확인할 수 있다.

품질평가원은 온라인 경매 플랫폼의 이용 편의 제고를 위해 현장과 소통하며 시스템 개선 노력을 지속할 계획이다.

정보통신기술(ICT)을 활용한 축산물 가격 비교서비스 '여기고기'도 눈에 띈다. 이 서비스를 이용하면 소비자는 식육판매점 위치정보를 토대로 축종·지역·업태별 가격과 할인 정보, 이력 등을 조회해 합리적으로 소비할 수 있다. 또한 식육판매점 측은 축산물 매입·진열 시 수기로 작성했던 거래내역서와 이력 정보 데이터베이스가 자동 연동됨에 따라 효율적인 업무 관리가 가능해진다.

축산물 등급판정 과정에도 최신 ICT 기술과 인공지능(AI) 기술이 적극 활용된다. 그동안 축산물품질평가원은 ICT 기반의 품질평가 장비를 단계적으로 도입해 품질평가의 정확성과 효율성을 높여왔다. 특히 최근에는 AI 기술을 활용한 소고기 등급판정 기기를 개발해 현장에 시범적으로 도입했으며, 전국 도축장에 점진적으로 확대 적용 중이다. 해당 기기에는 근내지방 분류 알고리즘을 바탕으로 육색, 지방색 등을 측정할 수 있는 AI 기술이 접목됐다. 스마트폰과 보조장치를 결합한 장비를 이용해 소 등심 부위 영상을 촬영하면 딥러닝 인공지능 알고리즘을 통해 등심 영역, 등지방 영역이 자동으로 인식되며, 이를 통해 등지방 두께, 등심 단면적 크기, 근내지방도, 육색, 지방색, 조직감까지 총 6가지 항목 측정이 가능하다.

이러한 장비 도입으로 데이터 수집·관리가 용이해지면서 축산

농가에 대한 민원 해소에도 큰 도움이 되고 있다. 기존에는 등급 판정을 받은 뒤 그 결과를 확인하려면 농가에서 직접 도축장에 방문하는 번거로움을 감수해야 했다. ICT 기반 시스템으로 전환한 이후에는 판정 결과에 의문을 갖는 농가에 대해 등급판정 부위의 이미지를 보여주며 피드백을 제공할 수 있는 것이다. 농가별 유형 분류 기준에 따라 농가 맞춤형 생산성 분석서비스를 제공하거나 지원 단위로 개별 농가에 대해 데이터 기반의 피드백 컨설팅을 진행하는 등 빅데이터를 활용한 고객피드백 사업도 체계화하고 있다.

디지털 전환 가속화로 서비스 질 향상 기대

축산물품질평가원은 올해 역시 축산유통 디지털 플랫폼을 기반으로 디지털 전환을 가속화해 행정 효율화와 대국민 서비스 향상에 기여한다는 방침이다.

우선 도축 현장의 업무 편의 증진을 위한 '스마트 전자출하 시스템'을 구축해 가축 도축과 출하 업무를 효율화할 계획이다. 스마트 전자출하 시스템은 소·돼지 출하 신청 절차를 전산화하고 도축 단계의 행정 업무를 간소화할 수 있는 서비스 제공을 목표로 한다. 축산물품질평가원이 보유하고 있는 축산물 이력 정보를 기반으로 출하 신청자가 개체 정보(농장주, 품종, 성별, 사육개월령, 브루셀라 검사 여부 등)를 미리 확인해 출하 신청하고, 이를 도축장 출하 담당자가 한눈에 확인·점검할 수 있게 해준다. 기존에는 출하 신청자가 도축장의 출하 사무실에서 출하 신청서를 작성해 제출하고 도축장 출하 담당자가 컴퓨터로 신청 내역을 입력하는 번거로움이 있었다. 스마트 전자출하 시스템을 이용하면, 출하자가 스마트폰 앱으로 출하 신청을 할 수 있고, 도축장 담당자는 이를 컴퓨터에서 바로 확인해 빠르고 쉽게 접수할 수 있다. 출하 신청 내역을 하나하나 입력하는 수고를 덜고 오류를 줄일 수 있으며 서류 보관에 따른 비용도 절감할 수 있다.

축산물 원패스 적용 범위도 대폭 확대한다. 교육부와 협업을 통해 7종 증명서를 1장에 담은 통합증명서를 전국 학교에 확대 적용하는 등 축산물 납품이 이뤄지는 다양한 현장에서 축산물 원패스를 사용할 수 있도록 관계기관 협의를 거쳐 적용 범위를 확대해 나갈 계획이다. 9개 기관에 분산된 11종의 축산 데이터를 공유·활용할 수 있는 통합 시스템인 '축산정보e음'도 지속적으로 고도화해 정책과 산업 곳곳에서 더 많이 활용할 수 있도록 노력할 예정이다.

저탄소 축산물 생산 장려…
지속가능한 축산 선도

지속가능한 축산업 발전의 한 축을 담당하고 있는 만큼 ESG 경영에도 속도를 내고 있다. 축산업이 악취와 환경오염을 유발한다는 부정적 인식을 개선하기 위해 축산업의 자구 노력이 필요하다는 판단하에 탄소중립 실천 의지를 내비치고 있다. 축산물품질평가원은 저탄소 축산물 생산을 장려하고 축산업 구조를 친환경적으로 전환하기 위해 지난해 3월부터 농림축산식품부의 주도하에 한

제품에 부착된 인증마크로 저탄소 축산물 여부를 확인할 수 있다.

우를 대상으로 저탄소 축산물 인증사업을 시범 운영하고 있다. 한우(거세우) 사육농장 중 탄소배출 저감 기술(30개월 미만 조기출하·가축분뇨 관리·에너지 절감)을 보유하고 온실가스 배출량이 전체 평균보다 적은 곳을 대상으로 하며, 지난해 총 71개 농가가 저탄소 축산물 인증을 획득했다. 저탄소 축산물 인증 농장에서 출하한 저탄소 축산물은 별도의 인증마크가 부착돼 시중에 유통되며, 소비자는 저탄소 인증마크 확인과 축산물 이력번호 조회를 통해 저탄소 축산물 여부를 확인할 수 있다. 올해에는 돼지와 젖소로 저탄소 인증 품목이 확대된다.

또한 안전을 경영 최우선 가치로 여기고 국민 먹거리 안전과 직원 안전에도 최선을 다하고 있다. 업무상 발생할 수 있는 위험 요인 317건을 선제적으로 발굴하고 안전보건경영시스템(ISO 45001) 인증을 획득하는 등 안전문화 확산을 주도하고 있다.

올해 4월에는 창립 35주년을 맞아 안전하고 건강한 일터 조성을 위한 '안전보건 경영방침 선포식'을 열기도 했다. 안전보건 경영방침 선포식을 통해 ▲무재해 사업장 조성 ▲법과 규정 준수 ▲위험 요인 발굴 및 개선 ▲안전문화 확산 등 안전보건 경영방침을 개정하고 이를 대내외에 표명하기 위해 마련된 자리였다.

'국민제안 경진대회' 등을 통한
대국민 소통 강화

축산물품질평가원은 다양한 참여형 소통 프로그램을 운영하며 고객 눈높이에 맞는 서비스 실천 노력을 강화하고 있다. 올해 4월에는 대국민 서비스 품질 향상을 위한 '국민제안 경진대회'를 개최해 관심을 모았다. 축산물품질평가원의 업무 영역이 점진적으로 늘어나고 서비스 대상도 축산 종사자에서 일반 국민으로 확대됨에 따라 국민 관점에서 서비스 개선 방향을 모색해 보자는 취지로 마련한 행사다. 이번 경진대회에서는 '축산유통 분야 대국민 서비스 확대'라는 주제로 ▲품질평가 ▲이력제도 ▲유통정보 ▲정책지원 등 4개 분야 서비스에 대해 다양한 제안을 받았으며, 접수된 의견은 추후 서비스 정책에 반영한다는 방침이다.

고객 민원 대응에도 적극적이다. 축산물품질평가원은 그동안 현장 민원 응대를 강화하고 고객서비스 매뉴얼을 제작하여 배부하는 등 서비스 품질 개선을 위해 힘써왔다. 고객의 소리에 귀를 기울이고 고객 불편사항에 체계적으로 대응하기 위한 'VOC(고객의 소리) 협의회'도 운영 중이다. 민원이 발생하면 신속하게 처리하는 것은 물론, 매 분기 VOC 협의회를 열고 민원 처리결과를 점검한다. 축산물품질평가원의 민원 대응 역량은 국민권익위원회가 주관한 '2024년 국민신문고 민원 처리 공공기관 실태점검'에서 최고 등급인 '우수' 기관으로 선정됐다는 사실로 입증된다. 축산물품질평가원은 종합점수 87.5점으로 공공기관 평균(72.5점) 대비 15.0점 높은 점수를 획득해 최고 등급인 '우수' 등급을 받았다. 세부 항목으로는 처리 기간 준수율, 담당자 정보 안내율, 장기 미처리 민원(0건) 등 모든 항목에서 우수성을 인정받았다.

대국민 서비스 품질 향상을 위해 올해 진행한 '국민제안 경진대회'

국민소통단을 확대 운용하고 카카오톡을 활용한 국민소통 뉴스레터로 기관의 소식을 적시에 전달하는 가교 역할을 하게 되며, 기자단, 소비자, 일반 국민들이 콘텐츠 제작, 설문이나 간담회를 통해 다양한 채널을 활용했다. 축산물품질평가원은 축산업의 미래를 선도하는 축산유통 전문기관으로서 축산물 품질평가, 이력관리, 유통 경로 전반을 아우르는 통합 시스템 운영을 통해 효율적이고 경쟁력 있는 축산유통 발전 체계를 확립해 나간다는 방침이다. 사업 영역과 역할이 지속적으로 확대되고 있는 만큼 소통과 혁신을 기반으로 축산의 미래를 선도하고 국민의 폭넓은 신뢰를 받는 기관으로 거듭나길 기대한다.

Interview

고객의 입장에서 축산유통이 나아갈 방향을 고민합니다

김남주
고객소통처장

Q 우선 처장님에 대한 간단한 소개 부탁드립니다.

고객소통처장으로서 고객소통과 관련한 업무를 총괄하고 있습니다. 축산물품질평가원의 고객은 축산물을 생산하는 농가에서부터 유통 과정에 있는 종사자들, 최종 축산물을 소비하는 소비자까지 그 폭이 넓습니다. 축산물 가치사슬 안에 많은 고객분들을 중심에 두고 고객의 불편사항과 고객이 원하는 서비스를 발굴하고 이를 개선함으로써 생산·유통·소비 전반의 고객 목소리에 귀를 기울이고 있습니다.

Q 성공적인 고객만족경영을 위한 기관의 차별화 포인트는 무엇인가요?

전문 역량을 가진 분들이 현장에서 묵묵히 일하며 양질의 서비스를 제공하는 덕분이라고 생각합니다. 현재 전국 188개 도축장에서 260명의 품질평가사가 등급판정, 이력 관리, 유통 관련 업무를 수행하고 있습니다. 특히 등급판정 업무는 대부분 이른 새벽부터 시작해야 하고 도축장과 같은 특수한 근무 환경에서 일해야 하는 어려움이 있습니다. 고객 입장에서도 현장 직원들을 보면서 현장 업무의 중요성과 열악한 근무 조건에 대해 어느 정도 이해해 주시는 측면이 있습니다. 등급판정 제도나 이력제 도입 초기에는 여러 제약사항으로 불편함을 느끼는 농가가 많았지만 시간이 갈수록 제도가 정착되고 농가 생산성도 높아지다 보니 자연스럽게 축산물 품질평가원에 대한 신뢰가 형성되지 않았나 싶습니다. 특히 저희 기관은 우수한 품질의 축산물 생산과 유통을 위한 축산 종사자 육성과 지원에도 힘쓰고 있기에 동반자 의식을 느끼는 분들이 많은 것 같습니다.

Q 올해 고객만족경영 측면에서 새롭게 추진하고 있는 점이 있다면 소개해 주세요.

가장 중점을 두고 있는 사항은 디지털 전환의 고도화입니다. 우리 기관은 지난해 9월 스마트축산 전담 기관으로 지정된 이후 축산업 환경을 개선하고 생산성을 높일 수 있도록 스마트축산 빅데이터 플랫폼 구축을 추진해 왔으며, 올 하반기 출시를 앞두고 있습니다. 빅데이터를 활용한 스마트축산 모델 개발과 우수 모델 확산, ICT 장비 및 솔루션 보급 등 스마트축산 생태계 구축을 통한 다양한 효과를 기대하고 있습니다. 대국민 서비스 품질 향상을 위한 노력도 강화할 예정입니다. 이를 목표로 신설된 것이 국민제안 경진대회입니다. 기존에는 축산 종사자 중심으로 서비스에 대한 피드백을 받았다면 앞으로는 일반 국민으로 대상을 넓혀 다양한 정책 제안을 받아보자는 취지에서 시작했습니다.

지역을 잇고 세계로 뻗어가는 초융합 글로컬 공항그룹

한국공항공사는 김포국제공항을 포함한 전국 14개 공항을 건설·관리·운영하며 항공산업의 육성과 지원을 담당하는 국토부 산하 공기업이다.

44년 전통의 대한민국 최초 공항운영 전문 공기업

한국공항공사는 김포국제공항을 포함한 전국 14개 공항을 건설·관리·운영하며 항공산업의 육성과 지원을 담당하는 국토부 산하 공기업이다. 1980년 5월 국제공항관리공단으로 출범해 2002년 한국공항공사로 전환하며 40여 년의 역사를 자랑하는 대한민국 최초의 공항 운영 전문 공기업으로서 그 명맥을 이어가고 있다. 현재 김포·김해·제주·대구 등 7개 국제공항을 포함한 전국 14개 공항과 항로시설본부, 항공기술훈련원을 총괄하며, 공사 직원 2,500여 명, 협력업체 직원 5,000여 명을 보유한 공항 운영 전문그룹으로 자리매김하고 있다.

한국공항공사는 전국 14개 공항을 효율적으로 운영·관리하는 한편, 국내외 모든 항공기의 공역, 즉 하늘길을 관리하는 항로시설본부, 항공기와 관제소 간의 교신을 지원하는 10개 항공무선표지소 운영 업무를 수행하며 원활한 항공 수송을 책임진다. 공항 운영뿐 아니라 신공항 건설과 해외 공항 건설 및 운영, 항행장비 수출사업, 항공조종인력양성사업, 항공정비사업 등을 추진하며 양질의 일자리 창출에도 이바지한다. 공항을 중심으로 연관 산업과 지역의 연계 발전을 도모하는 공항생태계를 조성함으로써 지역과 국가 경제 활성화에도 기여하고 있으며, 사회복지, 교육문화, 환경 등 다양한 분야에서 지역사회와 상생의 가치를 실천하기 위해 노력하고 있다.

특히 '초융합 글로컬 공항그룹'이라는 키워드를 앞세운 '비전 2030'을 바탕으로 새로운 기술과 분야를 융합해 지역사회와 세계를 연결하고 공항의 운영 범위를 해외 공항으로 넓힌다는 '초융합 글로컬(글로벌+로컬)' 전략에 힘을 싣고 있다. 이에 따라 국민 안전을 최우선으로 최상의 고객 맞춤형 서비스를 제공하는 공항 운영 업무와 더불어 도심항공모빌리티(UAM), 유지·보수·정비(MRO)사업 등의 항공산업 발전 지원, 해외공항사업 등 미래 먹거리를 개척하는 사업에 전력을 다하고 있다.

전사 차원의 CS 혁신…
고객서비스 패러다임을 바꾸다

초융합 글로컬 공항그룹으로 도약하기 위해 최우선 가치로 삼고 있는 요소는 바로 고객 중심 서비스다. 한국공항공사는 코로나19 팬데믹의 영향으로 항공업이 직접적인 타격을 받은 가운데 지방 공항의 실적 부진이 이어지면서 경영상의 어려움을 겪었다. 2022년 공공기관 고객만족도 평가에서도 기대에 미치지 못하는 결과를 얻게 되자 근본적인 혁신을 통한 신서비스 패러다임 제시가 필요하다는 내부 공감대가 형성됐다. 이에 2025년까지 대국민 서비스 질 제고를 목표로 하는 'CS 3.0 중장기 혁신전략'을 수립한 데 이어 이를 바탕으로 지난해 고객만족도 향상 대책을 마련했다.

CS 3.0 중장기 혁신전략은 크게 인적 혁신·물적 혁신·제도 혁신의 세 파트로 나뉜다. 인적 혁신으로 범공항 협력을 통한 고객 기대 수준 이상의 서비스를 제공하고, 물적 혁신으로 고객 맞춤형 서비스 인프라 환경을 조성하며, 제도 혁신으로 서비스 평가 관리 체계 고도화를 통한 서비스 품질 강화의 선순환을 유도한다는 방침이다. 단순한 고객 불만 해결이나 접점 서비스 개선을 넘어서, 전방위적 고객서비스 혁신을 통해 새로운 고객경험을 제공해 오감을 만족시키는 최상위 서비스 기관이 되겠다는 의지를 확고히 했다. 한국공항공사는 중장기적인 관점에서 9개 실행 과제와 18개 세부 과제를 담은 CS 3.0 중장기 혁신전략을 토대로 지난해 고객만족도 향상 및 CS 혁신 추진 계획을 수립했다. 오감 만족 맞춤형 고객서비스, 공항환경 혁신, 국민과 함께하는 서비스 혁신, 서비스 인프라 혁신의 4대 중점 추진 과제 아래 12개 세부 실천 과제를 마련하며 이를 속도감 있게 이행했다.

전사적 차원의 실적 개선 노력과 함께 미래지향적이고 창의적인 CS 혁신 노력이 더해지면서 2023년 괄목할 만한 성과가 잇따랐다. 글로벌 협력을 강화한 결과, 여객 수송 실적이 7,789만 명에 달하며 코로나19 이전과 비교해 90% 수준까지 여객 회복률을 기록했다. 또한, 노선 신설과 해외 노선 다변화를 통해 운항 회복률도 90%를 달성했다. 재난 유형별 신속대응체계를 구축하고, 공항 도착에서 항공기 탑승까지 위험 요소를 크게 개선하는 등 철저한 안전관리로 안전사고 발생률을 크게 줄였다. 한국공항공사는 행정안전부 주관의 '국가핵심기반 재난관리평가', '재난관리평가', '재난대응 안전한국훈련' 3개 부문에서 모두 우수기관으로 선정되었으며, 기획재정부 주관 안전관리등급제 평가에서 2년 연속 2등급(최고등급)을 받는 등 안전관리 역량을 입증했다. 특히 지난해 10월 김포공항 항공기 사고 위기 대응 훈련을 성공적으로 수행하며 2년 연속 우수기관으로 선정됐다.

고객서비스 부문에서도 탁월한 성과를 인정받았다. 지난해 세

한국공항공사와 KAC공항서비스·남부공항서비스·항공보안파트너스 등 3개 자회사는 지난해 4월 '고객경험의 시대'를 견인하기 위해 '고객중심경영'을 선언했다.

계공항서비스평가(ASQ)에서 김포국제공항이 2년 연속 우수공항으로 선정된 것이다. 국제공항협의회(ACI)가 주관하는 ASQ는 공항 이용객을 대상으로 서비스 분야별 만족도를 측정하는 조사로, 김포공항은 평가에 참여한 338개 공항 중 아태지역 중대규모 공항군에서 우수공항(Best Airport) 수상의 영예를 안았다. '2023년 공공기관 고객만족도 조사'에서는 전년에 비해 무려 2단계 상승한 '우수' 등급을 받았다.

한국공항공사는 CS 3.0 중장기 혁신전략 이행을 통해 공항 문화 주간 이륙위크(26Week)를 론칭하고 패션쇼와 북 콘서트, 중증장애인을 위한 누워서 보는 콘서트 등 다양한 문화행사와 고객 맞춤형 서비스를 선보였다. 이에 그치지 않고 세계 최초 신분증과 탑승권을 한번에 확인하는 스마트항공권 서비스와 펫 파크, 유명 브랜드 팝업 스토어 운영 등 차별화된 서비스를 시행한 점, 국민고객위원회와 한줄참견 운영 등을 통해 고객과의 소통을 강화하며 공항 활성화에 기여하고 있는 점을 높게 평가받았다.

공항 이용 환경을 바꾸는 새로운 고객경험

지난해 통신 3사와 함께 선보인 'PASS 스마트항공권'은 항공기 탑승객의 이용 편의를 크게 높인 서비스로 평가된다. 스마트항공권은 신분증과 탑승권을 하나로 결합해 국내선 항공기 탑승 시 실물 신분증과 항공기 탑승권 없이 빠르고 간편하게 신분을 확인할 수 있는 서비스다. 한국공항공사는 지난해 8월 PASS 앱을 통해 전국 14개 공항에서 첫 서비스를 개시했으며, 올해 3월부터 KB국민은행의 KB스타뱅킹 앱을 통해서도 스마트항공권을 발급받을 수 있도록 서비스를 확대했다.

이 서비스를 이용하면 신분증 사진과 여객 얼굴 대조, 신분증 이름과 탑승권 이름 대조, 탑승권 유효성 확인 등 신분 확인 3단계를 QR코드 한 번으로 간소화해 항공기 탑승 대기 시간을 단축시키고 항공보안을 한층 강화할 수 있다는 장점이 있다. 향후 스마트항공권 서비스를 국제선까지 확대하고 탑승 수속부터 보안 검색까지 소요되는 시간도 확인할 수 있도록 서비스를 고도화해 여객터미널 내 혼잡을 개선해 나간다는 계획도 갖고 있다.

최신 생성형 인공지능(AI) 기술을 탑재한 AI 챗봇 서비스도 한 국공항공사가 공들여 선보인 서비스 중 하나다. 올해 1월 김포공항에서 처음 운영 개시한 챗봇 서비스는 생성형 AI가 주차 정보, 탑승수속 절차, 상업·편의시설 이용 등 공항 이용 시 빈도수가 높

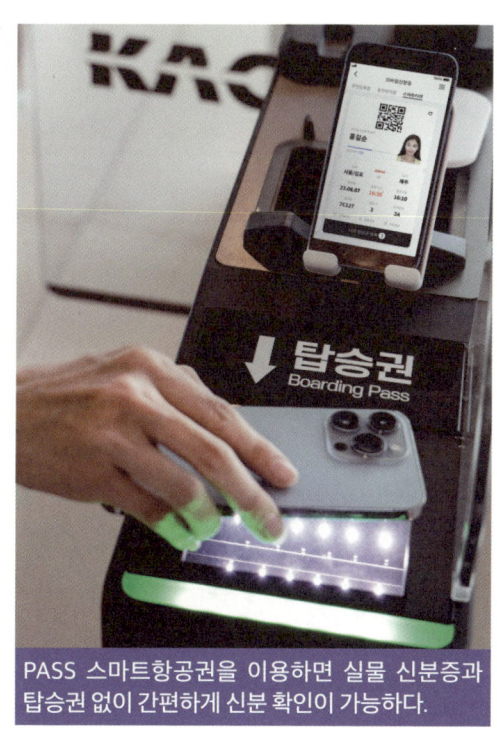

PASS 스마트항공권을 이용하면 실물 신분증과 탑승권 없이 간편하게 신분 확인이 가능하다.

은 질문을 학습해 고객의 문의를 대화 형태로 답변하는 서비스다. 이 서비스로 대화의 흐름, 문맥 등을 파악해 사용자에게 보다 유연하고 확장 가능한 경험을 제공할 뿐 아니라 맞춤형 응대와 365일 24시간 상담이 가능해 이용객 편의를 획기적으로 높일 수 있게 됐다. 추후 서비스 도입 효용성과 기술 성숙도 검증을 거쳐 전국 공항으로 서비스를 확대하고, 음성 인식 기능을 탑재한 챗봇 기반 키오스크를 설치해 오프라인 공항 안내 서비스도 추진할 계획이다. 민간 기업과 협업으로 쇼룸형 화장실을 도입한 것도 신선한 고객경험을 안겨준 혁신 사례로 꼽힌다. 한국공항공사는 지난해 12월 욕실 전문 브랜드 더이누스와 함께 김포공항 국내선 여객청사 3층 격리대합실에 쇼룸형 화장실을 선보였다. 공항 이용객의 특성과 법령 등을 반영해 고객중심 서비스 디자인의 표준모델을 만들어보자는 취지로 추진한 프로젝트였다. 전반적으로 모노톤의 고급스러운 디자인과 라인 강조형 인테리어를 적용하고 외부 벽면을 미디어 파사드로 꾸민 것이 특징이며, 반려동물을 위한 펫 동반 화장실까지 설치해 이용 편의를 높였다. 이를 계기로 추후 전국 공항에 단계적으로 확대 도입하는 방안을 검토 중이다.

 MZ세대를 중심으로 한정판 시장이 성장하는 트렌드를 포착해 공항 특색을 반영한 공항 특화 상품도 인기를 끌고 있다. 김포, 김해, 제주공항에서는 각각 전통주 칵테일과 K디저트 약과 파운드케이크, 카멜리아 초콜릿, 우도땅콩 마음샌드 등 다양한 상품을 선보여 이용객의 주목을 받았다. 입점업체 공모전을 통해 지역 특산물을 활용하고 지역 이미지를 반영할 수 있는 신상품 출시를 지원함으로써 여객 만족도를 높이고 공항의 매력도를 증대시키는 한편, 공항 배후 지역의 가치 창출까지 함께 이뤄내 의미를 더했다.

반려동물 가족을 위한 서비스도 각광을 받았다. 지난해 11월에는 김포공항에 반려동물 전용 쉼터인 '펫파크'를 개장했다. 김포공항 국내선 여객터미널 동편 녹지대 8,000㎡ 규모에 조성된 펫파크에는 전용 산책로, 강아지 모양의 대형 조형물, 포토존, 소형견 놀이터 등 반려동물을 위한 다양한 시설이 마련됐다.

한국공항공사는 국내 공항으로는 처음으로 김포공항에 반려동물 전용 쉼터인 '펫파크'를 개장했다.

오감을 만족시키는
맞춤형 고객서비스

한국공항공사가 지난해 특히 공을 들인 서비스로는 오감 만족 맞춤형 고객서비스를 꼽을 수 있다. 그중 하나가 정기적으로 문화예술 행사를 열고 설렘 가득한 고객경험을 안겨주기 위한 공항 문화의 날 '이륙위크(26week)'다. 매월 26일이 있는 주를 공항 문화의 날로 지정해 전국 공항에서 공연·전시·참여형 이벤트를 정기적으로 선보이는 서비스다. 이를 위해 한국공항공사는 지난해 4월 KAC 공항서비스·남부공항서비스·항공보안파트너스 등 3개 자회사와 함께 전국 공항의 본격적인 여객 회복 추세에 맞춰 '고객경험의 시대'를 견인하고자 오감을 만족시키는 서비스 혁신을 추진하는 데 뜻을 모으고 '고객중심경영'을 선언한 바 있다. 공항 문화의 날 지정 이후 다양한 아티스트를 섭외해 버스킹, 재즈 공연, 성악 및 색소폰 공연 등을 펼쳤으며, 저자 초청 북 콘서트를 진행하기도 했다. 지난해 11월에는 김포-하네다 노선의 취항 20주년을 기념해 아시아모델협회와 함께 'K-365 패션쇼 in 김포공항' 행사를 개최해 이용객의 큰 호응을 얻었다. 행사에는 세계적인 패션 디자이너와 아이돌 그룹, 재즈 가수 등이 참여해 다양한 볼거리와 즐길 거리를 선사하며 자리를 빛냈다.

　여행에 대한 좋은 기억과 긍정적 감정을 유발하는 공항 시그니

아시아모델협회, 아시아나항공과 함께 전국 공항 최초로 김포공항 활주로에서 진행한 패션쇼.

처 향을 개발해 선보인 점도 긍정적인 평가를 받았다. 시그니처 향은 고객 설문조사를 바탕으로 라임·민트·애플·로즈·시더우드·머스크를 조합해 '여행의 설렘'을 구현했다. 공항 내 주요 동선, 특히 혼잡도가 높은 보안검색대 주변에 시그니처 향을 배치해 고객의 행복하고 편안한 여정을 유도하고 있다. NHN벅스와 협업을 통해 선보인 공항 음악서비스도 방문객의 호응을 얻고 있다. 각 계절을 테마로 벅스의 '뮤직PD'들이 제작하는 음악 모음인 '에센셜 플레이리스트'를 제작해 전국 공항 주요 공간에 감도 높은 음악을 송출하고 있다.

고객편의를 최우선시하는 환경 구축

주요 공항의 만성적인 주차난은 오랜 기간 동안 해결이 시급한 당면과제였다. 이에 한국공항공사는 2022년 전국 공항의 주차장 시설을 전면 자동화 시스템으로 전환하고 김포공항에 전국통합주차지원센터를 신설하는 등 전국 공항에 대한 주차 관제 시스템 고도화 사업을 추진했다. 주차장 자동화 시스템 도입으로 공항 이용객은 공항 주차장 잔여 면수와 혼잡 여부를 모바일, 공사 홈페이지를 통해 실시간으로 확인이 가능해졌으며, QR코드 기반의 모바일 주차료 간편결제 서비스를 도입해 주차장 이용 효율성을 강화했다. 지난해에는 제주공항(1,020면), 여수공항(240면), 군산공항(137면) 등에 대해 주차 공간을 확충해 주차 공간 부족 문제가 어느 정도 해소될 것으로 기대된다. 제주 등 일부 공항에서는 주말·공휴일 활용률이 낮은 직원 주차장을 여객 주차장으로 겸용하는 탄력적 운영 방식을 적용하고 있으며, 다른 공항들도 이러한 방식을 검토 중이다.

교통약자를 배려한 맞춤형 서비스도 돋보인다. 영유아 동반 고객이나 임산부, 노약자 등을 대상으로 김포공항 지하철역과 국내선·국제선 청사를 연결하는 전동카트 여객 이동 지원서비스 '포티케어'를 운영하고 있으며, 교통약자의 이동 편의를 돕는 수동

휠체어 전동화 키트도 무료로 예약해 이용할 수 있도록 하고 있다. 교통약자를 위한 24시간 비대면 안내서비스 '포티케어 톡톡'도 교통약자의 편의 증진에 기여하고 있다. '포티케어 톡톡'은 김포공항 이동보조 전동카트 이용, 수동 휠체어 전동화 키트 대여 등 서비스 예약, 교통약자 전문 상담사 연결, 공항별 주요 배려시설과 서비스 이용 방법 등을 카카오톡을 통해 질문하고 응답받는 방식이다.

김포공항 내 장애인 전용주차구역을 이용하는 교통약자의 불편을 최소화하기 위해 구축한 불법 주정차 실시간 단속 시스템도 큰 효과를 발휘하고 있다. AI 딥러닝 기술을 활용해 차량 번호판, 장애인 주차표시 등을 인식하고 차량과 주차표지 유효 여부를 판

김포공항에 신설된 전국 공항 통합주차지원센터를 통해 모든 주차장 상황을 24시간 실시간 원격 모니터링하며 입·출차 차량을 관리하고 있다.

별해 불법 주정차 정보를 관할구청에 실시간으로 전송할 수 있는 시스템이다. 2022년 시스템 도입 이후 단 한 건의 민원도 접수되지 않을 만큼 높은 효과를 자랑한다.

도시와 지역을 넘나드는 UAM 시대를 열다

미래 핵심 교통수단으로 꼽히는 도심항공교통(UAM) 상용화에도 앞장서고 있다. UAM은 저소음·친환경 전기동력 기반의 수직 이착륙 기체(eVTOL)와 이를 운용하기 위한 이착륙 인프라(Vertiport), 교통관리 체계 등을 포함하는 새로운 항공교통 체계를 의미한다. 한국공항공사는 지난 44년간 쌓아온 항공 노하우·자원을 활용하여 정부 국정과제로 추진 중인 UAM 상용화라는 목표를 달성하기 위해 SK텔레콤, 한화시스템과 K-UAM 드림팀을 구성하여 국내 최초 상용화에 나서고 있다. 제주·남해안 등에 관광, 교통형 UAM을 시작으로 전국 공항 거점의 전국 UAM 교통망을 구축하기 위해 제주, 경남, 대구 등 11개 지자체와 협력하고 있다.

이를 위해 세계 최고의 기술력을 보유하고, 가장 빠르게 안전성 인증(형식증명)을 획득할 것으로 예상되는 미국 조비 에비에이션(Joby Aviation)과 협력하며 상용화에 필요한 기술, 시스템의 개

한국공항공사는 미래 핵심 교통수단으로 꼽히는 UAM 상용화에 앞장서고 있다.

발·검증에 나서는 등 글로벌 협력도 강화하고 있다. 지난해 6월에는 김포공항 UAM 허브 인프라 사업이 정부 예비타당성 조사를 통과함에 따라 수도권 UAM 산업 거점 구축 기반이 마련되었다. 한국공항공사는 UAM 인프라(Vertiport) 구축·운영 사업, UAM 교통관리 서비스 사업을 추진하여 정부 국정과제 달성과 국가 미래 교통산업 발전을 위해 적극 지원할 계획이다. 이를 통해 ESG 경영 시대에 걸맞은 새로운 항공교통환경을 구축해 도심 과밀화로 인한 교통·환경문제를 해소함은 물론 새롭게 열릴 미래 항공교통시장 생태계를 선도해 나간다는 방침이다. 안전경영을 최우선의 가치로 전국 공항의 무결점 안전·무단절 서비스 실현을 위한 한국공항공사의 노력은 지금도 계속되고 있다. '초융합 글로컬 공항그룹' 도약을 목표로 4차 산업혁명과 미래 항공교통 시대를 선도하기 위한 도전도 멈추지 않을 것이다.

Interview

전사적인 CS 혁신으로
매력적인 고객경험을 선사하겠습니다

노병관
운영본부 공항운영실 서비스개발부장

Q 우선 부장님에 대한 간단한 소개 부탁드립니다.

공항운영실 서비스개발부에서 공항 이용객 편의 증진과 서비스 개선을 위한 전반적인 업무를 수행하고 있습니다. 세부적으로는 공항 문화환경 조성과 고객만족 전략 수립, 서비스 표준 매뉴얼 운영 등에 관한 업무를 맡고 있습니다.

Q 성공적인 고객만족경영을 위한 기관의 차별화 포인트는 무엇인가요?

저희 기관은 빅데이터, 스마트 기술을 활용해 집에서 목적지까지 고객 여정 전반에 걸쳐 편의를 도모할 수 있는 맞춤형 공항서비스 구현을 위해 노력하고 있습니다. 기존에는 저희 CS 담당 부서만의 노력으로 대응해 왔다면, 이제는 전사적 차원에서 힘을 모으고 있기에 고객의 이용 편의를 극대화할 수 있는 미래지향적이고 창의적인 서비스 구현이 가능해졌다고 생각합니다.

Q 올해 고객만족경영 측면에서 새롭게 추진하고 있는 점이 있다면 소개해 주세요.

크게 세 가지 측면에서 서비스 추진 목표를 수립했습니다. 첫째, 문화 중심 공항 환경을 조성해 매력적인 공항을 만드는 것입니다. '이류위크' 브랜드 파워를 강화하고, 지역 문화자원을 활용해 공항별 맞춤 콘텐츠 개발에 주력하고 있습니다. 둘째, 고객 맞춤형 편의시설과 서비스를 확충해 편안한 공항을 만드는 것입니다. 교통약자를 위한 편의시설을 집중 개선해 공항 내 이동권을 강화하고 심야 체류 여객의 안전과 편의 제고에 힘쓸 계획입니다. 셋째, 여객과 공항 구성원 모두 행복한 공항을 만드는 것입니다. 현장 접점 직원 간의 파트너십을 강화하고, 반복적으로 발생하는 VOC를 획기적으로 개선해 나갈 계획입니다.

Q CS 관점에서 지속가능한 경영을 실천하고 있는 사례는 무엇인가요?

2022년 3월, 프랑스는 2시간 30분 이내의 국내선 노선에 대해 항공편 운항을 전면 중단하는 법안을 통과시켜 시행하고 있습니다. 이는 탄소배출량을 줄이기 위한 조치로, 항공산업을 영위하고 있는 우리 공사로서는 민감하게 받아들일 수밖에 없는 조치입니다. 우리 공사는 이러한 위기를 기회로 전환해 ESG 시대에 걸맞은 지속가능한 새로운 먹거리 사업 창출을 위해 창사 이래 최대 프로젝트라 할 수 있는 UAM 사업을 추진 중입니다. UAM은 전기동력 기체를 이용하는 친환경 교통수단인 만큼 이 사업을 통해 새로운 항공교통환경을 구축하고 도심 과밀화로 인한 교통·환경문제 해결에 기여하겠습니다.

aT 한국농수산식품유통공사
Korea Agro-Fisheries & Food Trade Corporation

건강한 먹거리 공급을 위한
지속가능한 여정

한국농수산식품유통공사(이하 aT)는
농공(農工) 간의 격차 완화를 위해
1967년 농어촌개발공사로 출범했다.

먹거리 안전과 농어민 소득 안정을
최우선 가치로

한국농수산식품유통공사(이하 aT)는 농공(農工) 간의 격차 완화를 위해 1967년 농어촌개발공사로 출범했다. 1986년 농수산물유통공사로 확대·개편한 데 이어 2012년 현재의 한국농수산식품유통공사로 명칭을 변경하며 유통 개선, 수급 안정 기능을 강화하고 식품산업 육성, 국가곡물 조달 등의 사업 기능을 확대하면서 농어민의 소득 증진과 국민경제의 균형 발전에 기여하고 있다.

aT는 국민 먹거리 안전과 농어민의 소득 안정을 최우선의 가치로 두고 더 좋은 먹거리 공급과 식량안보를 위한 농산물 수급 안정, 먹거리 선순환 체계를 구축하는 유통 개선, 농수산식품산업의 글로벌 경쟁력을 높이는 수출진흥, 농어업과 식품산업의 상생을 바탕으로 시너지를 발휘하는 식품산업 육성 등 다양한 사업을 펼치고 있다. 안전한 먹거리는 안정적인 수급에서 나온다는 믿음으로 농산물의 수급 관리와 전략적 비축을 통해 농가 소득을 안정화하고 물가 안정을 도모하며, 국산 농산물의 자립 기반을 조성하는 데 기여한다. 또한 농어민이 제값을 받고 소비자가 합리적 가격에 농산물을 구매하는 구조를 만들기 위해 농산물 유통 디지털 전환, 직거래 활성화 및 지역 먹거리 선순환 기반 조성 등 농산물 유통 체계 개선에 앞장서고 있다.

전 세계적으로 K-푸드 열풍이 불고 있는 가운데 미래 성장 전략 품목 육성과 수출 시장 다변화, 해외 시장 개척 등을 통해 우리 농수산식품의 글로벌 경쟁력 강화와 수출 농가의 소득 증대에도 기여한다. 또한 농어업과 식품·외식기업 간 연계를 강화해 식품산업의 성장과 발전을 지원하고, 고부가가치 제고를 통한 농수산식품산업의 선진화에도 힘쓰고 있다. K-푸드가 해외 시장에서 각광받고 있는 만큼 생산, 저장, 가공부터 외식산업까지 아우르는 식품산업으로 발전시켜 우리 농수산식품에 새로운 경쟁력을 심는다는 전략이다.

고객 체감도 높이는
소통 행보

aT는 이러한 역할을 수행하기 위해 경영 전반에서 '고객만족 실현'을 최우선 가치로 둔다. '고객과 함께 만들어나가는 aT'를 고객만족경영의 최종 목표로 삼고 고객과 소통하며 고객의 관점에서 서비스를 개선하는 데 초점을 맞추고 있다. aT의 사업 특성상 농수산물 생산자와 유통업자, 식품·외식산업 종사자 등 다양한 이해관계자를 고객으로 두고 있기 때문에 고객의 만족을 이끌어낸다는 것이 말처럼 쉬운 일은 아니다. 이에 aT는 고객과 접점을 넓히고 소통을 강화하기 위한 방편으로 온라인 고객상담실, 국민제

지난해 선발된 제5기 국민참여혁신단 단원들이 발대식에서 파이팅을 외치고 있다.

안함, CS센터 등 다양한 소통 채널을 운영하고, 국민참여혁신단, 고객참여 간담회 등 고객이 직접 사업에 참여할 수 있는 참여 기반을 마련해 사업 전반에 고객 의견이 반영될 수 있도록 노력하고 있다.

　기관 경영과 사업 전반에 국민 참여를 활성화하자는 취지에서 국민참여형 소통채널인 '국민참여혁신단'도 활발히 운영 중이다. 2019년 출범 이후 올해 6년 차를 맞은 국민참여혁신단은 각계각층의 의견을 반영할 수 있도록 성별과 연령, 지역 등을 고려해 25명 내외로 선발한다. 단원들은 사업 전반을 모니터링하고 서비스 개선 아이디어를 제안하는 등 다양한 활동에 참여한다. 지난해에는 농축산물 할인지원사업 현장점검, 식품 제조현장 모니터링 등 다양한 참여활동을 통해 참신한 의견을 제시했고, 이는 가루쌀 브랜드 아이덴티티(BI) 구성, 농축산물 할인지원사 점검 강화 등 국민 체감형 서비스 개선 성과로 이어졌다.

농수산물 온라인도매시장, 끊임없는 소통으로 이룬 혁신

aT는 지난해 고객이 체감할 수 있는 공공서비스 개선을 최우선 목표로 삼았다. 지난해 세계 최초로 출범한 '농수산물 온라인도

지난해 11월 양재 aT센터에서 열린 농산물 온라인도매시장 출범식에 참석한 주요 인사들이 기념 촬영을 하고 있다.

매시장'이 대표적인 사례로 꼽힌다. 농수산물 온라인도매시장은 일정 요건을 갖춘 다양한 판매자와 구매자가 시공간의 제약 없이 자유롭게 거래할 수 있는 전국 단위의 온라인 도매 거래 플랫폼이다. 산지와 소비자를 직접 연결해 물류비와 유통비를 줄여주는 오픈마켓으로, 생산자는 제값에 팔고 소비자는 합리적인 가격에 구매하는 '윈윈' 구조를 만들 것으로 기대를 모으고 있다. 온라인도매시장은 출범 이후 지난 6월 기준 900억 원이 넘는 판매실적을 기록하며 시장 참여자 간에 활발한 거래가 이뤄지고 있다. 앞으로 가락시장 규모로 거래 규모를 늘리고 품목도 기존 청과, 양곡, 축산물 등에서 수산물까지 확대해 거래를 더욱 활성화한다는 방침이다.

농수산물 온라인도매시장 구축 사업은 기존 도매시장의 한계와 문제점을 파악하는 데에서 시작했다. 기존 농산물 유통은 거래 단계마다 상품이 배송돼 물류 비용 부담이 크다는 문제가 있었다. 전국에서 가락시장에 모인 경매 상품이 다시 지방으로 분산되는 역물류 현상으로 비효율성이 고착화됐고, 개설 구역 내에서만 거래가 이뤄져 경쟁이 제한된다는 점도 문제로 지적됐다. 농산물 유통을 디지털화하는 프로젝트는 자연스럽게 시공간 제약 없이 전국 단위 통합 거래가 가능한 시스템으로 방향을 잡았다.

기존 유통 주체와의 갈등도 우려됐지만 aT는 지속적인 소통으로 해결했다. 정부와 aT, 이해관계자가 함께 주 단위로 30여 차례 의견을 수렴하는 과정을 거쳤으며, 지속적으로 지역 설명회를 갖고 현업 종사자와 현장의 의견을 청취했다. 관련 법률 제정이 늦어지자 농식품 유통 분야 최초로 규제 샌드박스 특례를 통해 법적 근거를 확보하고 사업 동력을 이어갈 수 있었다. 온라인도매시장의 출범 초기에는 혼란을 최소화하기 위해 전용 CS센터를 운영하며 고객의 불편 사항을 최소화하고 시스템을 개선해 나갔다. 세계 최초로 구축된 농수산물 온라인도매시장은 기관과 이해관계자, 현장이 끊임없는 소통을 바탕으로 이룬 혁신 사례라는 점에서 의미 있는 시도로 평가된다. aT는 유통 시장의 디지털 전환과 같이 생산자와 유통 종사자, 소비자가 함께 상생할 수 있는 농산물 유통 혁신을 계속해서 도전해나갈 계획이다.

한편 전 세계적인 디지털 전환 흐름에 맞춰 데이터 기반의 서비스 개선에도 속도를 내고 있다. aT는 디지털 혁신전략을 수립하고 AI와 데이터를 중심으로 하는 디지털플랫폼정부 구현에 앞장서고 있다.

지난해 농식품 관련 데이터를 활용해 개발한 '알뜰한 살림꾼의 맛있는 한 끼(이하 알뜰한끼)' 서비스는 민관 협력 서비스 개발 사례로도 주목받는다. aT는 지난해 8월 '만개의 레시피'와 협업해 가격이 하락한 농산물로 요리하는 레시피를 추천하고, 농산물 구매까지 원스톱으로 가능한 '알뜰한끼'를 론칭했다. 이 서비스는 aT의 농산물 소매 가격 데이터를 활용해 정확도와 신뢰도를 높였으며, 매월 600만 명 이상이 이용하는 만개의 레시피 데이터와 결합해 가장 저렴한 농산물로 요리할 수 있는 레시피를 제공한다. 앱을 통해 10일 전보다 가격이 하락한 20개의 국산 농산물 가격과 이를 활용한 레시피를 확인하고, 필요한 재료를 온라인 몰에서 바로 구매할 수 있어 단기적인 판촉이 아닌 자연스러운 농산물 구매 유도로 농가와 지역경제 활성화에 기여했다는 평가를 받았다. 이 서비스로 aT는 지난해 12월 ESG 소비자 이니셔티브가 주관하는 '소비자 ESG혁신대상'에서 소비자 권익증진 부문 대상을 받았으며, '2023년 정부혁신 우수사례'로도 선정됐다.

aT는 올해부터 외식산업 전문 포털 'THE 외식'을 통해 '업종 맞춤형 외식 경영전략 분석 서비스'를 시범 운영한다. 데이터 3법

개정으로 가명 정보를 활용한 분석·추천 서비스가 본격화됨에 따라, 외식 분야의 정보격차 해소와 중소 외식 업체의 경영 지원을 목표로 서비스를 기획했다. 이 서비스는 외식 사업장의 POS 데이터(메뉴), 카드 데이터(고객 특성), 리뷰 데이터를 결합해 주변 동종 업종을 분석하고 성공 확률이 높은 경영전략을 제시한다. 이를 통해 매출 수준을 파악하고, 메뉴 추가·제외, 핵심 고객층 설정, 매출 증대 전략을 수립할 수 있어 외식 분야 창업자들에게 활용도가 높을 것으로 기대를 모았다. aT는 앞으로도 농수산식품 데이터 서비스를 활성화하고, 데이터 기반 공공부문 고객서비스 개선을 위해 노력할 계획이다.

'THE 외식' 누리집에서 제공되는 외식 경영전략 분석 서비스

빵·과자·국수 등 식품 개발 지원…
가루쌀 대중화 견인

정부가 전략적으로 육성하고 있는 가루쌀 활성화에도 앞장서고 있다. 가루쌀은 물에 불리지 않고 바로 분쇄해 가루로 만들 수 있는 쌀 품종으로, 밀처럼 바로 빻아 분말로 만들 수 있어 수입 밀 대체에도 유리한 신작물이다. 정부는 쌀의 구조적 공급과잉 문제를 해결하고 식량 안보를 강화할 수 있는 품목이라는 판단에 따라 가루쌀을 전략적으로 육성하고 있다. aT는 지난해 가루쌀 활성화 전략에 따라 가루쌀 신제품 개발 지원 사업을 추진했다. 식품기업이 가루쌀을 원료로 빵, 과자, 국수 등을 개발할 수 있도록 원료 구매부터 소비자 평가, 홍보까지 지원하는 사업이었다. 그러나 가루쌀이 대중적이지 않은 원료라 식품업계의 적극적인 참여가 필요했다. 이를 위해 aT는 공개 설명회와 식품기업 방문 등을 통해 가루쌀의 이점을 홍보했다.

결과적으로 77개사가 지원하여 15개 식품업체의 19개 제품이 선정되었고, 다양한 가루쌀 제품이 개발됐다. 전통적으로 수입 밀가루를 사용하던 라면, 국수, 빵, 과자의 대체 원료로 가루쌀이 주목받으면서, 촉촉하고 부드러운 식감과 건강을 고려한 58종의 신제품이 세상에 나왔다. 이 중 47종의 제품이 시중에 출시돼 온·오프라인 채널을 통해 누구나 손쉽게 가루쌀 제품을 만날 수 있게

aT는 가루쌀 제품을 널리 알리기 위해 판촉 행사도 적극 지원하고 있다.

됐다. aT는 업체들의 애로사항을 해소하기 위해 가루쌀 가공 기술 워크숍, 전문가 파견 현장 모니터링 등 지원 프로그램을 시행하고, 가루쌀 제품이 시장에 안착할 수 있도록 팸 투어, 박람회, MD 초청 설명회, 판매 기획전 등을 추진해 가루쌀 원료와 출시 제품을 홍보했다. 그 결과 지난해 11월 열린 '제28회 농업인의 날' 기념식에서 가루쌀로 다양한 빵과 과자류를 개발해 판로를 개척한 미듬영농조합법인의 전대경 대표가 금탑산업훈장의 영예를 안았다.

이외에도 다수의 기업이 가루쌀로 다양한 히트 상품을 만들어냈다. 이처럼 대중에게 생소하게 여겨지던 가루쌀이 경쟁력 있는 상품으로 탈바꿈한 데에는 aT가 추진한 가루쌀 제품 개발 지원사업이 있었다.

지구촌 곳곳에
'저탄소 식생활' 전파

ESG 경영 실천도 aT가 집중하는 분야다. aT는 먹거리 관련 탄소 배출량이 전체 온실가스 배출의 31%를 차지하는 만큼, 저탄소 식생활 실천 운동을 확산하기 위해 힘쓰고 있다. 2021년 7월 '저탄소 식생활 그린푸드데이'를 선포하고, 범국민 실천 캠페인을 시작했다. 저탄소 식생활은 저탄소 인증 농산물과 로컬푸드로 만든 한 끼를 남김없이 먹어 탄소배출량을 줄이는 캠페인이다. 저탄소·친환경 인증 농축산물, 탄소 흡수율이 높은 해조류·어패류, 유통 과정에서 탄소배출이 적은 식재료로 식단을 구성하고, 식품 폐기물을 최소화하며, 잔반 없는 식사로 온실가스 배출을 줄이는 효과를 기대할 수 있다.

그동안 국내외 기관과 캠페인 동참 업무협약을 추진해 왔으며, 현재 전 세계 46개국 690여 개 기관·기업이 저탄소 식생활 캠페인에 동참하고 있다. 특히 지난해 12월에는 해외 정부 차원에선 최초로 미국 버지니아주 페어팩스 카운티가 '저탄소 식생활의 날'을 공식 선포했으며, 일상 속 캠페인을 통한 탄소배출 감축과 지속 가능한 식생활에 앞장선 데 대한 감사의 표시로 워싱턴 D.C로부터 감사장을 받는 등 의미 있는 성과를 거뒀다.

지난해 수산물 안전 우려가 확산되던 가운데, aT는 9월에 '저탄소 식생활 수산물데이'를 선포하며 해양 생태계에서 생산되는 '블루푸드'의 우수성과 저탄소 식품으로서의 가치를 알렸다. 블루푸드인 수산물 소비는 탄소중립에 도움이 된다. 2018년 《사이언스》지 보고서에 따르면, 수산물의 탄소배출량은 동물성 단백질 식품의 12% 수준이며, 해조류와 어패류는 성장 과정에서 탄소를 흡수해 블루카본을 육성하는 데 기여한다.

aT는 저탄소 식생활 수산물데이 선포를 계기로 글로벌 탄소중립 실천 문화 확산 차원에서 ▲블루푸드의 고영양·저탄소 식품으로서 우수성 전파 ▲블루카본으로 알려진 탄소흡수원으로서의 해양생태계 가치 강조 ▲우리 수산물 소비 촉진과 수출 확대를 통한 수산 산업 발전 등을 위한 활동에 적극적으로 나설 방침이다.

aT는 지난해 9월 '저탄소 식생활 수산물데이' 선포식을 추진하며 블루푸드의 우수성과 저탄소 식품으로서 가치를 알리는 데 앞장섰다.

안전하고 건강한
공공급식 만들기에 앞장

aT는 공공급식에 공정하고 투명하게 식자재를 공급하기 위해 '공공급식통합플랫폼(eaT)'을 운영 중이다. 지난해 플랫폼 거래 금액은 역대 최고인 3조 7,000억 원을 달성했다. 이 플랫폼은 2010년부터 '학교급식 식재료 전자조달시스템'을 운영하며 축적한 노하우를 바탕으로, 2022년 학교뿐 아니라 군부대, 유치원, 어린이집, 복지시설 등 모든 공공급식에 식재료를 공급하고자 확대·개설됐다.

플랫폼은 공공급식 수요처와 지역의 급식지원센터, 공급업체가 간편하게 식재료를 거래할 수 있는 시스템으로, 지역 내 공공급식 수요자와 공급자가 온라인에서 식단 편성과 식재료 거래, 지역 농산물 생산유통 관리 등의 업무를 일괄적으로 처리할 수 있다.

플랫폼은 급식 수요기관이 식재료 공급업체를 선정하는 조달시스템과 급식지원센터의 수주·발주 업무 처리를 지원하는 공공급식지원시스템으로 구성된다. 이를 통해 공공급식 수요 기관은 식단 편성부터 입찰·계약·정산 등 식재료 거래에 관한 모든 업무를 일괄 처리할 수 있게 됐다. 각 지자체에서 운영 중인 공공급식지원센터도 플랫폼을 통해 계약재배·재고관리는 물론, 지역 농산물의 생산과 유통관리가 더욱 편리해졌다.

유치원이나 어린이집, 지역아동센터와 등 규모가 작은 수요처에서도 소량의 식재료를 구매할 때 유용하게 활용된다. 소규모 기관에 대해 입찰이나 계약 절차 없이 소량 거래를 할 수 있도록 간편 거래 기능을 제공하기 때문이다.

플랫폼을 도입하는 지자체가 꾸준히 늘어나는 추세다. 학교를 비롯한 군부대, 복지시설, 고속도로 휴게소 등 다양한 곳에서도 플랫폼을 도입하고 있다. 이러한 맞춤형 서비스 개선 노력과 함께 품질 관리 강화 노력에 힘입어 플랫폼 거래 실적은 2022년 3조 4,000억 원에 이어 지난해 3조 6,859억 원을 기록했다. aT는 앞으

aT가 운영하는 공공급식통합플랫폼의 거래실적이 지난해 3조 7,000억 원을 달성했다.

로도 플랫폼의 지속적인 고도화를 추진해 국민 식생활 개선에 기여하고 국산 농산물의 소비 확대로 먹거리 선순환 체계 구축에 최선을 다할 계획이다.

aT는 이처럼 변화하는 삶의 방식을 반영한 수요자 맞춤형 지원과 혁신적인 시스템을 통해 먹거리 선순환 체계를 확립해 나가는 중이다. 그러한 기반 위에서 농가와 기업, 생산자와 소비자, 농촌과 도시 모두 상생할 수 있는, 지속가능한 여정을 이어갈 것이다.

Interview

고객 관점에서 소통하며
공공서비스 개선에 힘쓰겠습니다

전기찬
기획조정실장

Q 먼저 실장님에 대한 간단한 자기소개 부탁드립니다.

한국농수산식품유통공사 기획조정실장을 맡고 있는 전기찬입니다. 기획조정실은 공사 운영을 위한 종합 기획, 예산 편성·관리, 조직 및 직무 관리, ESG경영 등의 업무를 담당하고 있습니다. 또한 고객만족을 위해 고객만족도 관리, VOC 관리, 제안 제도 운영 등의 업무를 수행하고 있습니다.

Q 실장님이 추구하는 CS경영 중점 추진 사항은 무엇인가요?

aT가 지속가능한 서비스를 제공하기 위해서는 '고객만족'이 우선적으로 충족돼야 한다고 생각합니다. 2022년 기획조정실장으로 부임한 이후 일반 국민, 농업 관계자 등 다양한 이해관계자와의 소통을 중점으로 두고 고객만족경영을 추진해 왔습니다. aT의 서비스를 체험하는 생산자, 유통업체, 소비자에게서 서비스 이용 경험을 직접 청취하고, 이용자의 관점에서 우리 공사를 돌아보고자 노력하고 있습니다. aT는 앞으로도 고객에게 더 나은 소통환경을 제공하며, 고객 중심의 공공서비스 개선을 위해 힘쓰겠습니다.

Q 올해 고객만족경영에서 중점을 두고 있거나 새롭게 추진하고 있는 일이 있다면 소개해주세요.

aT는 올해 두 가지 중점 사항을 중심으로 고객만족경영을 추진하고 있습니다. 첫 번째는 '공감을 기반으로 하는 고객만족경영'입니다. 내부 직원들을 대상으로 고객 응대를 위한 기본 태도와 고객 의견에 대한 피드백 강화 방법을 교육하는 등 CS교육을 통해 고객에 대한 공감을 기반으로 고객서비스를 개선해 나갈 계획입니다. 두 번째는 '고객 소통채널 관리 강화'입니다. aT가 운영 중인 소통채널에 대한 점검을 실시하고, 재정비가 필요한 채널을 식별하고 개선하면서 소통의 질을 높이기 위해 노력하겠습니다.

Q CS 관점에서 ESG 경영을 실천하고 있는 사례가 있다면 말씀해주세요.

aT는 지난 2021년 ESG경영을 선포한 이후, 공사 고객에서 나아가 국민과 함께 ESG 경영을 실천하기 위해 노력하고 있습니다. 기관의 특성을 살려 일상생활 속 먹거리 탄소중립 실천을 위해 2021년 7월 '먹거리의 생산부터 소비까지 저탄소 식생활로'라는 슬로건을 내세우고 범국민 실천 캠페인 '저탄소 식생활 그린푸드데이'를 정식으로 선포했습니다. 국민의 건강한 미래와 먹거리 탄소중립 실천을 위해 aT는 앞으로도 지속가능한 농수산식품산업 생태계 구축에 힘쓰겠습니다.

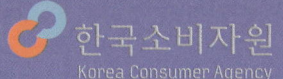

고객의 최접점에서
함께 열어갈 소비자 주권 시대

한국소비자원은 소비자의 권익 증진과 소비 생활 향상을 목적으로 1987년 설립됐다. 한국소비자보호원으로 출발했지만 2007년 소비자기본법 제정에 따라 현재의 명칭으로 변경됐다.

대한민국 대표 소비자 전문기관

어떤 제품이나 서비스를 이용하던 중 피해를 입었다면 대부분 한국소비자원을 떠올리게 된다. 그만큼 한국소비자원이 하는 일은 소비자의 일상생활과 밀접한 관련을 맺고 있다. 하지만 한국소비자원의 업무는 소비자 상담이나 피해 구제, 분쟁 조정 등과 같은 민원 업무에 국한되지 않는다. 소비자 정책 수립의 근간이 되는 정책 연구부터 불공정한 시장 환경을 개선하는 시장 조사, 소비자 안전 확보를 위한 안전 조사, 소비자 역량 제고를 위한 정보 제공과 교육, 국제협력에 이르기까지 소비자 주권 실현을 위한 다양한 업무를 소화하고 있다.

한국소비자원은 소비자의 권익 증진과 소비 생활 향상을 목적으로 1987년 설립됐다. 설립 당시 소비자보호법에 의거해 한국소비자보호원으로 출발했지만 2007년 소비자기본법 제정에 따라 현재의 명칭으로 변경됐다. 기관의 명칭 변경만 놓고 보더라도 소비자 주권 시대에 달라진 소비자의 위상을 실감할 수 있게 한다.

한국소비자원은 '소비자 주권 시대를 열어가는 국민의 기관'이라는 비전 아래 소비자가 정당한 권리를 누리고 보호받을 수 있도록 소비자 지향적인 정책 환경 조성을 위한 다양한 정책 연구를 수행하고, 건전한 시장 경제를 만들기 위해 시장 감시, 실태 조사 등을 수행하여 거래 과정에서 발생하는 부당한 관행과 제도를 개선하는 역할을 한다. 또한 일상생활에서 발생하는 소비자 위해 사례를 모니터링하고 다양한 분야의 품질 및 안전성 시험·평가를 수행하며 안전한 소비환경을 조성하는 일을 도맡고 있으며, 소비자 불만을 해소하고 피해를 구제하기 위한 상담·피해구제·분쟁 조정 제도도 운영한다.

이처럼 한국소비자원은 건강하고 안전한 소비환경을 만드는, 대한민국 대표 소비자 전문기관으로 자리매김해왔다.

고객만족도 제고에
전사적 역량 투입

소비자 주권 실현을 목표로 하는 공공기관인 만큼 항상 소비자와 최접점에서 고객만족을 위한 활동을 펼치고 있다. 한국소비자원은 그동안 고객만족위원회 운영, 민원 분야 고객만족도 제고 계획 수립, 고객 중심 민원 업무 프로세스 개선 등 전사적인 서비스 품질 제고 노력을 기울인 결과 2년 연속 공공기관 고객만족도 조사 결과에서 '우수' 기관으로 선정됐다.

한국소비자원의 고객만족경영 핵심 미션은 '만족을 넘어 감동을 전하는 소비자 행복 동반자 KCA'다. 미션을 성공적으로 수행하고 고객만족도 제고 활동을 강화하기 위해 전사적인 노력을 기울이고 있다. 2017년부터 기관장이 주재하는 '고객만족위원회'는 그러한 노력을 상징적으로 보여주는 최고위 회의체다. 고객만족위원회는 기관장이 위원장으로, 임원과 부서장이 위원으로 참여하는 정기 회의체로 고객만족경영을 위한 전략을 수립하고 주요 정책을 심의·의결한다. 기관장 중심의 고객만족도 제고 추진 체계가 확립되면서 전사적인 역량을 고객만족 활동에 집중하고 고품질의 차별화된 고객서비스를 제공하려는 노력으로 이어질 수 있었다.

또한, 매년 '고객만족도 제고 계획'을 수립해 이행 노력을 기울

한국소비자원은 고객만족위원회를 분기별로 운영하며 고객만족경영을 위한 각종 주요 정책을 심의·의결하고 있다.

이고 있다. 이와 함께 매년 실시되는 공공기관 고객만족도 조사 결과를 면밀히 분석해 개선사항을 도출함으로써 고객만족경영 활동을 보완하고 서비스 품질을 개선하는 데 최선을 다하고 있다.

이번 공공기관 고객만족도 조사 결과 역시 꼼꼼하게 분석해 주요 개선 포인트를 도출하고 고객만족경영 활동의 수정·보완에 활용할 수 있도록 했다. 특히 최근 악성 민원에 시달리다가 사망한 공무원 피해 사례가 발생함에 따라 민원 담당자를 근본적으로 보호할 방안을 마련해 국민에게 안정적인 민원서비스를 제공할 수 있는 환경을 조성할 필요가 있다는 지적사항에 따라 보완대책을 추가했다. 이에 따라 기존 ▲고객서비스 품질 제고 ▲고객

지향적 CS 문화 확립 ▲내·외부 고객 참여 활성화 등 3가지 추진 분야에 '민원 담당자 보호 강화' 분야를 새롭게 추가해 악성민원 예방과 대응, 민원 담당자 지원 및 인식 개선을 위한 세부 과제들을 마련하고 이를 추진 중이다. 이는 소비자들이 소비자원에 갖는 기대 수준과 위상에 맞춰 국민이 체감하는 서비스 향상과 더불어 민원 담당자 보호를 강화하고 상호 존중하는 민원문화를 조성하겠다는 의지가 반영된 결과라 할 수 있다.

업무 프로세스 전반의 디지털화 추진

지난해 한국소비자원의 고객만족경영 활동에서 가장 두드러진 점은 실시간 채팅 상담이다. 소비자원은 최근 사회 전반에 급격하게 확대되고 있는 디지털 전환 흐름에 동참해 소비자가 안전하고 현명한 소비 생활을 할 수 있도록 업무 프로세스 전반의 디지털화를 추진해 왔다. 그중 하나가 소비자 민원 처리 시스템 개선이다. 그동안 인터넷 홈페이지와 전화를 통해 민원 상담에 임했지만 모바일 기반의 공공서비스 수요 증대에 따라 국민 편의성 제고 차원에서 모바일 채팅 상담서비스를 도입하기로 했다.

이를 위해 유사한 서비스를 시행하고 있는 다른 기관의 사례를 찾아 노하우를 벤치마킹하기로 했다. 그 결과 품목별 상담원 자동 배정 등 16개 기능을 채팅 상담 시스템에 반영하고 피해 다발 상위 100개 품목 2,016개, 소비자 관련 법령 120개 등 소비자가 자주 묻는 질문에 대한 2,838개의 표준 답변을 마련했다. 또한 국민이 참여하는 사전 모의 테스트를 실시해 11개 시스템 개선사항을 발굴하고 27개 기능을 추가하는 등 채팅 상담서비스의 원활한 운영을 위해 철저한 사전 준비를 거쳤다.

그러한 준비 작업을 거쳐 지난해 7월부터 모바일 채팅 상담 '소망챗'서비스를 개시했다. 이는 인공지능(AI) 기반의 민원 처리가 가능한 방안을 모색한 결과 첫 단계로 도입한 실시간 채팅 상담서비스다. 소비자는 한국소비자원 홈페이지 내 '피해구제 상담신청'에 접속해 채팅 상담서비스를 이용할 수 있으며, 이를 통해 다양한 분야에 걸쳐 피해 상담서비스를 받아볼 수 있다. 피해 상담뿐 아니라 '피해구제 절차', '나의 사건 조회', '피해사례 보기', '분쟁해결 기준', '자주 묻는 질문' 등의 메뉴를 이용해 필요한 정보를 확인할 수 있다.

채팅 상담서비스 도입 이후 건당 평균 채팅 상담 시간이 2분 단축됐으며, 온라인 채널을 선호하는 20~30대 젊은 층의 만족도도 전화 상담에 비해 높은 것으로 나타났다. 이에 따라 올해 채팅 상담서비스를 확대·운영하기 위해 전담 인력을 4명에서 7명으로 추가 배치하고 효율적인 업무 수행을 위해 오후 1시부터 4시까지

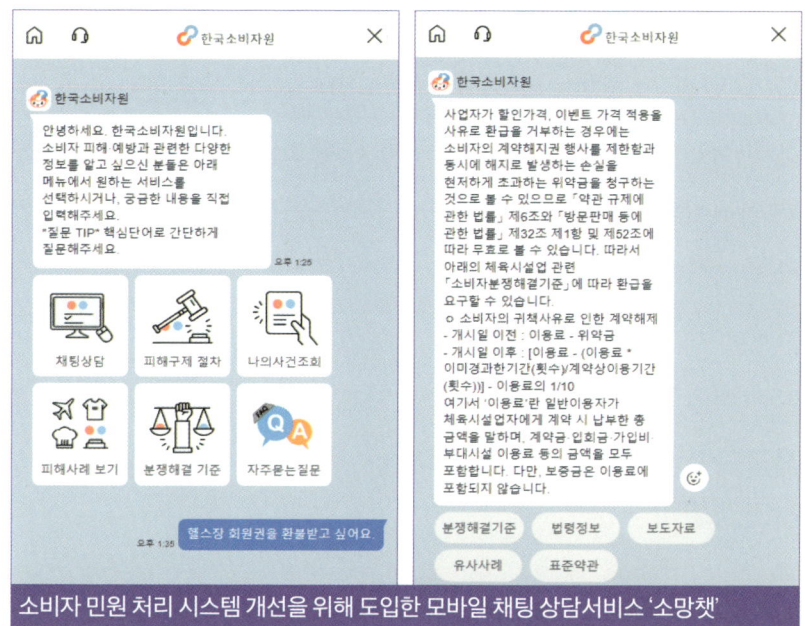

소비자 민원 처리 시스템 개선을 위해 도입한 모바일 채팅 상담서비스 '소망챗'

집중 시간대를 설정하고 관련 업무 매뉴얼도 마련한다. 또한 채팅 상담 중 발생할 수 있는 시스템 오류사항을 지속적으로 모니터링해 이용자가 불편을 느끼지 않도록 철저히 대응할 계획이다.

한국소비자원은 이에 만족하지 않고 올해 7월부터 AI 기반의 챗봇 상담서비스를 시범 도입한다. 현재 시행 중인 상담서비스 수단은 모두 소비자원의 업무 시간 내에만 이용할 수 있다는 한계가 있다. 챗봇 상담서비스가 도입되면 시공간의 제약 없이 365일 24시간 언제든지 상담서비스를 이용할 수 있어 소비자 편의성과 만족도가 한층 향상될 것으로 기대된다. 또한 챗봇서비스를 이용해 피해 예방, 리콜, 가격 정보 등 다양한 서비스를 편리하게 이용할 수 있게 될 전망이다. 챗봇 상담서비스 도입 이후에도 오랜 기간 누적된 상담 데이터와 노하우를 바탕으로 시스템을 지속적으로 업데이트함으로써 안정적이고 만족스러운 상담서비스를 제공할 방침이다.

적극적인 소통으로 고객이 원하는 서비스 발굴

한국소비자원은 고객 중심적이고 친화적인 서비스 제공을 위해 내·외부 고객의 참여 활성화를 적극 독려하고 있다. 이를 위해 민원 업무를 담당하는 20~30대 직원으로 구성된 '고객만족주니어위원회'와 한국소비자원의 민원서비스 유경험자로 구성된 '대국민 고객자문단'을 운영하며 고객의 의견을 반영한 실효성 있는 서비스 개선사항 발굴에 나서고 있다.

올해는 특히 고객만족주니어위원회와 대국민 고객자문단 모두 참여 인원을 2배로 늘려 더 많은 고객과 소통할 수 있도록 독려하고 있다. 2021년부터 활동을 시작한 고객만족주니어위원회는 내부 직원이 참여하여 창의적인 고객만족도 제고 아이디어를 발굴하고 있다. 올해 도입된 방문상담실 예약·안내 시스템도 고객만족주니어위원회의 아이디어 제안으로 이뤄졌다. 방문상담실 예약·안내 시스템은 불필요한 대기 시간을 최소화해 소비자들이 방문상담실을 더 편리하게 이용할 수 있도록 한 서비스다. 한국소비자원은 현재 충북 본원과 서울강원지원에 방문상담실을 운영 중이다. 상담 수요가 집중되는 시간대에 많은 소비자가 방문하게 되면 대기 시간이 길어지고, 상담이 가능한 시간 외에 방문하면 소비자가 헛걸음하는 불편함이 많았다.

이러한 고객 의견을 반영해 방문상담실 예약이 가능하도록 시스템을 개선했다. 홈페이지에 소비자가 원하는 날짜와 시간을 선택할 수 있도록 예약 시스템을 도입해 상담을 진행함으로써 대기 시간을 최소화하고, 방문 예약일에 알림톡을 발송해 예약 시간과 길 안내, 예약 취소 방법 등의 정보를 안내해 방문상담실 접근성을 한층 높였다. 예약·안내 시스템 도입으로 민원 담당자는 상담 전에 법령 등 필요한 정보를 충분히 파악한 후 소비자가 처한 상황에 맞게 맞춤형 답변을 할 수 있어 양질의 서비스를 제공할 수 있게 됐다. 이처럼 고객과 적극적인 소통으로 고객 의견을 반영한 실효성 있는 서비스 개선을 통해 고객만족도를 높일 수 있었다.

고객만족주니어위원회는 CS 개선 아이디어를 발굴하기 위해 공공·민간의 다양한 사례 학습과 더불어 주요 고객의 특징 도출을 위한 워크숍을 진행하는 등 민원서비스 품질 제고 방안을 마련하기 위해 다양한 활동을 수행 중이다. 소비자원은 갈수록 다각화되

한국소비자원은 민원 실무를 담당하는 젊은 직원들을 중심으로 고객만족주니어위원회를 구성해 창의적이고 실효성 있는 고객서비스 아이디어를 발굴하고 있다.

는 고객수요에 적극적으로 대응하기 위해 고객과의 지속적인 소통과 민원 담당 직원의 적극적인 참여를 통해 실효성 있는 고객만족 정책을 지속적으로 발굴·추진해 나갈 계획이다.

대국민 고객자문단은 소비자원의 민원서비스를 이용해 본 경험을 바탕으로 고객 관점에서 서비스 수준을 평가했다. 자문단은 피해구제 신청서 간소화, 사건 진행 상황 알림서비스 등을 제안했고, 이를 바탕으로 피해구제 신청서 필수기재 항목 50% 축소, 사건 처리 현황 알림톡 발송 등의 서비스 개선으로 이용자 편의성을 강화할 수 있었다. 알림톡 발송서비스는 소비자가 먼저 연락하지 않아도 사건 진행 상황을 자세히 알 수 있도록 처리 단계를 기존 5단계에서 7단계로 세분화해 알림톡을 발송하는 방식으로 개선했다. 이외에도 기관 홈페이지 메인화면 개선 등 이용자 편의성을 높이는 개선사항을 다수 발굴하는 성과를 올렸다.

CS 역량 강화 위한
다양한 지원책 마련

직원의 CS 역량과 서비스 마인드 함양에도 힘을 쏟고 있다. 한국소비자원의 피해구제 절차는 '소비자 상담 → 피해구제 신청 → 사업자 통보 → 사실조사 → 합의권고 → 소비자분쟁위원회 조정' 등으로 이뤄지며, 법적 강제력이 없어 합의를 권고해 분쟁을 해결하는 방식을 취한다. 소비자원에 분쟁 해결을 요청하는 소비자는 사업자와 갈등을 빚고 있어 감정적으로 예민한 상태인 경우가 대부분이다. 이런 경우 이해관계자 사이에서 법적 강제력이 없이 양보와 합의를 도출해야 하는 소비자원으로선 분쟁 해결을 위한 대응이 쉽지 않은 것이 사실이다. 합의와 조정이 이뤄지더라도 소비자가 원하는 수준으로 해결되기 어려워 소비자가 불만을 갖는 경우도 많다. 분쟁 해결이라는 업무 특성상 다른 기관보다 더욱 적극적인 고객응대와 상호작용이 요구된다는 점에서 한국소비자원은 고객의 다양한 요구를 충족할 수 있도록 민원 담당 직원의 CS 역량을 강화하고 서비스 마인드를 함양하기 위한 다양한 프로그램을 운영하고 있다.

특히 지난해에는 다른 우수기관의 업무 노하우를 벤치마킹하기 위해 국민신문고 우수 공공기관, 서비스 품질관리 우수 기업 등을 통해 현장체험 교육을 강화했다. 고객의 목소리(VOC)를 단순 청취하는 데 그치지 않고 고객 불만 사례와 친절 사례를 모두 분석해 고객의 니즈를 반영한 민원 응대 가이드를 마련했다.

이와 함께 민원 업무 담당 직원들이 자긍심을 갖고 고객서비스에 임할 수 있도록 각종 지원 제도를 운영하고 있다. 감정노동에 따른 내부 직원의 스트레스 관리를 위해 미술, 음악, 체육, 요리 등 300여 개의 힐링 프로그램도 원데이 클래스 형식으로 제공한다. 올해부터는 힐링 프로그램 연 1회에서 2회로 확대하고, 심리적인 어려움을 겪는 민원 담당자를 위해 심리 검사, 스트레스 검진, 정서 안정 상담 등으로 구성된 '찾아가는 심리상담' 프로그램도 진행한다. 고객만족 성과 우수자에 대해서는 포상 규모를 확대해 CS 동기 부여와 고객 지향적 조직문화 확립에 도움이 될 수 있도록 지원을 아끼지 않고 있다.

악성 민원에 시달리는 민원 담당자 보호에도 나선다. 폭언이나 폭행 등 민원인의 위법 행위나 고질적인 반복 민원으로 인한 업무방해 행위에 체계적으로 대응함으로써 안전한 민원환경을 조성하기 위한 취지다. 이를 위해 전화, 인터넷, 방문 등 민원 접수

한국소비자원은 2020년부터 민원 분야 아카데미를 운영하며 직원의 CS 역량 및 전문성 제고를 위한 다양한 전문화 교육을 실시하고 있다.

경로별로 악성 민원에 대한 차단 조치를 강화하고, 의도적으로 업무처리에 큰 지장을 주는 악성 민원인에 대해서는 신청 제한 조치 등도 검토할 계획이다. 방문상담실 등 민원인 대면 현장에서는 악성 민원을 예방하기 위한 휴대용 개인 보호장비를 갖추고 비상 대응 연락망을 강화하기로 했다.

시각장애인을 위한
점자 태그 제작·보급

한국소비자원은 사회적 약자를 존중하고 배려하며 공공기관으로서 사회적 책임을 다하기 위해 노력하고 있다. 이와 관련해 민간 기업과 협업을 통해 시각장애인을 위한 점자 태그를 만들어 보급하는 일에 앞장서 왔다.

우리가 일상에서 매일 접하는 세제, 화장품 등의 다양한 생활용품은 용기 형태가 같거나 비슷해 시각장애인은 이를 구별하는 데 어려움을 느낀다. 다양한 생활용품의 용도를 혼동하는 등 제품 오사용에 따른 안전사고 위험에 노출되기도 한다. 따라서 생활가정용품에도 점자 표시가 필요하다는 목소리가 높아지는 추세다.

이에 한국소비자원과 생활가정용품 사업자정례협의체는 2022년 11월 주방세제, 세탁세제 등에 걸어서 쓸 수 있는 제품 식별용 점자 태그 5종 세트 4,183개를 제작해 배부했으며, 지난해에는 8개 기업과 함께 주방세제, 세탁세제, 샴푸, 린스 등에 걸어 쓸 수 있는 점자 태그 8종 세트 6,530개를 보급했다. 또한 한발 더 나

한국소비자원은 지난해 8개 기업들과 함께 생활가정용품에 걸어서 쓸 수 있는 제품 식별용 점자 태그를 제작해 배부했다.

아가 제품에 직접 점자를 표시하기도 했다. 점자 태그 8종은 (사)한국시각장애인연합회와 협업해 시각장애인의 실수요와 용기 형태의 동일 유사성, 소비 생활 밀접성 등을 종합적으로 고려해 선정했다. 특히 많은 생활가정용품들이 주방, 욕실 등 고온다습한 환경에서 쓰인다는 점을 고려해 물에 젖지 않고 재사용이 가능한 재질로 제품을 제작하고 다양한 크기의 제품에 걸어 쓸 수 있도록 길이 조절이 가능한 방식으로 설계했다. 점자 태그는 독거 시각장애인 등 전국 시각장애인 6,530가구에 전달됐으며, 이러한 공로를 인정받아 10월 15일 '흰 지팡이의 날'을 맞아 열린 기념식에서 감사패를 받았다. 흰 지팡이의 날은 세계시각장애인연합회가 시각장애인의 권리를 보장하기 위해 지정한 날이다. 한국소비자원은 앞으로도 사업자정례협의체 참여 기업과 함께 취약계층의 안전한 소비 생활을 지원하는 다양한 사업을 지속적으로 확대할 예정이다.

소비자 보호 사각지대 해소 위한
사회공헌 활동

지역사회와 함께하는 사회공헌 활동에도 적극적으로 나서고 있다. 한국소비자원은 2009년부터 소비자 행정서비스의 접근성이

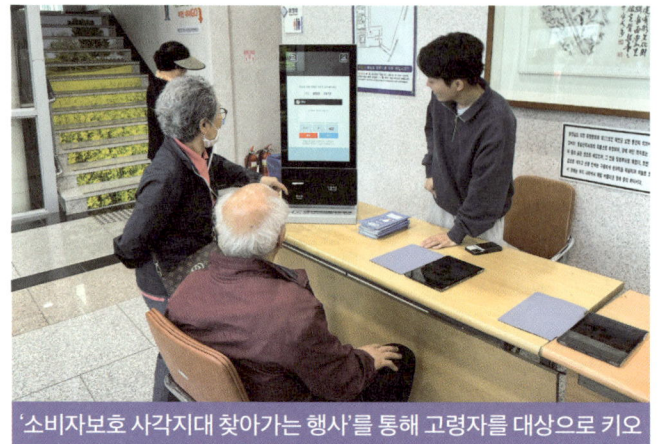

'소비자보호 사각지대 찾아가는 행사'를 통해 고령자를 대상으로 키오스크 사용법을 교육하는 모습

낮은 시·군 단위 지역에 거주하는 농·어민, 고령자, 다문화가정 등 사회배려계층 소비자를 대상으로 찾아가는 서비스를 제공하는 '소비자보호 사각지대 찾아가는 행사'를 실시해왔다.

이는 한국소비자원의 대표적인 지역사회 공헌 프로그램으로 지난 14년간 총 110회 진행하며 1만 1,000여 명의 소비자를 대상으로 소비자 피해 예방 교육과 이동 상담을 실시했다. 또한 뜻을 같이하는 기업들과 함께 청소기, 휴대폰 등 소형 가전제품 무상 수리, 자동차 무상 점검, 어르신을 위한 장수 사진 무료 촬영 등 다양한 사회공헌 활동을 전개하고 있다. 키오스크 사용법 등 고령자를 대상으로 체험 위주의 디지털 격차 해소 교육도 실시했다.

지난해에는 ESG 가치 확산을 위해 사회적 책임을 다하고자 노력했다. 이를 위해 사회공헌 활동 방식의 외연을 확대해 농업폐기물의 친환경 폐기, 어린이 친환경 놀이 체험 등 다양한 친환경 프로그램을 펼쳤다.

또한 지자체와 협업을 통해 지역사회의 현안 이슈를 반영한 지역 상생 활동에도 나섰다. 산불로 특별재난지역으로 지정된 강릉시에서 산불 피해 예방을 위한 화목보일러 무상 점검을 실시하는 한편, 피해 주민을 위해 1,700만 원 상당의 생활용품을 기증했다. 드론 특별자유화구역으로 지정된 남원시에서는 월락초등학교 어린이를 대상으로 드론 체험 교육을 실시하기도 했다. 한국소비자원은 앞으로도 소비자보호 사각지대 찾아가는 행사를 지속적으로 추진해 지역사회의 소비자 피해를 예방하고 취약 지역 소비자들의 서비스 수혜 격차를 해소하는 데 노력한다는 방침이다.

이처럼 한국소비자원은 늘 소비자의 권익 향상을 최우선 순위에 두고 건강하고 안전한 소비환경을 만들어가는 데 최선을 다하고 있다. 앞으로도 만족을 넘어 감동을 전하는 소비자의 행복 동반자로서 소비자 주권 시대를 함께 열어갈 것이다.

Interview

언제나 고객의 관점에서
더 나은 서비스를 고민하겠습니다

박현주
피해구제국장

Q 우선 국장님에 대한 간단한 소개 부탁드립니다.

저는 한국소비자원에서 피해구제국장으로 근무 중입니다. 한국소비자원은 소비자가 상품·서비스를 이용하는 과정에서 불편을 겪거나 피해를 입는 등 소비자와 사업자 사이에 발생한 다툼을 해결하기 위해 상담, 피해구제와 같은 대체적 분쟁해결제도(ADR)를 운영하고 있습니다. 피해구제국은 민원서비스의 최전방에서 소비자가 체감할 수 있는 신속하고 고품질의 서비스 제공을 위해 노력하고 있습니다.

Q 성공적인 고객만족경영을 위한 기관의 차별화 포인트는 무엇인가요?

한국소비자원은 고객 중심적이고 친화적인 서비스 제공을 위해 매년 내·외부 고객과의 소통을 강화하며 서비스 개선사항을 발굴하는 데 중점을 두고 있습니다. 이를 위해 고객만족주니어위원회와 대국민 고객자문단 활동을 활성화해 더 많은 고객과 활발히 소통할 수 있도록 힘쓰고 있습니다. 이러한 활동을 통해 사건 진행 상황을 자세히 알려주는 알림톡 발송이라든지, 불필요한 대기 시간을 최소화하는 방문상담실 예약·안내 시스템 도입 등 고객이 필요로 하는 서비스를 선제적으로 파악해 제공할 수 있었습니다. 이와 함께 민원 담당 직원의 CS 역량을 강화하고 서비스 마인드를 함양하기 위한 다양한 지원 프로그램 마련에도 초점을 맞추고 있습니다.

Q 올해 고객만족경영 측면에서 특히 중점을 두고 있거나 새롭게 추진하고 있는 점이 있다면 소개해 주세요.

한국소비자원을 찾는 고객에게는 어느 공공기관보다 응대 측면에서 이해와 배려가 필요하다고 생각합니다. 민원을 제기하는 고객은 이미 사업자와의 분쟁으로 재산상 혹은 신체적 피해를 입었을 뿐 아니라 감정적인 갈등이 최고조에 이른 상태이기 때문입니다. 이에 한국소비자원은 고객의 다양한 요구를 충족할 수 있도록 민원 담당 직원의 CS 역량을 강화하고 서비스 마인드를 함양하기 위한 다양한 프로그램을 운영하고 있습니다. 특히 올해에는 고객 민원 대응 측면에서 우수한 업무 노하우를 지닌 기관들을 벤치마킹하는 데 주력하고 있으며, 고객의 니즈를 반영하고 현장에서 바로 적용할 수 있는 민원 응대 가이드(리플릿 버전)를 마련했습니다. 또한 민원 담당 직원들이 자긍심을 갖고 고객서비스를 제공할 수 있도록 힐링 프로그램과 포상 제도 등 각종 지원 제도를 운영 중입니다. 이처럼 직원의 CS 동기 부여와 고객 지향적 조직문화 확립에 많은 지원과 관심을 쏟고 있습니다.

물관리 혁신으로
국민 물복지 실현을 앞당기다

한국수자원공사는 공기업 최초로
2020년 11월 '기후위기경영'을 선포한 데 이어
2021년 3월 기후위기경영의 발전적 형태인
'물 특화 ESG 경영'을 선언하면서
본격적인 ESG 경영 행보에 나섰다.

기후위기 시대,
물 특화 ESG 경영 속도

기후변화의 영향으로 홍수, 가뭄 등 물 재해가 일상화되고 있다. 이러한 상황에서 ESG 경영 도입은 시대의 소명이자 지속가능한 성장을 위한 주요 해법으로 인식되고 있다. 한국수자원공사는 공기업 최초로 2020년 11월 '기후위기경영'을 선포한 데 이어 2021년 3월 기후위기경영의 발전적 형태인 '물 특화 ESG 경영'을 선언하면서 본격적인 ESG 경영 행보에 나섰다. 이를 통해 ESG 경영체계와 제도를 갖추며 내재화에 속도를 냈다. 먼저, ESG 경영원칙을 수립하고 이를 전사 경영전략에 반영해 ESG가 회사의 핵심 경영가치로 자리 잡을 수 있도록 체계를 정비했다. 영문 슬로건 또한 'Your True ESG Partner'로 새롭게 규정해 대내외에 ESG 실천 의지를 강조했다.

이처럼 ESG 경영 도입 초기에는 내부 추진체계 구축과 제도완비 측면에 집중했다면, 지난해에는 ESG 경영을 본격화하고 실질적인 성과를 창출하기 위해 '중장기 ESG 추진 전략'을 수립했다. 환경가치 중심의 사업 추진 전환, 가치사슬 전반에 걸친 ESG 성과 확산, ESG 지향형 경영혁신 및 체질 개선을 3대 전략 방향으로 설정하고 진정성 있는 ESG 경영 실천에 나서고 있다. 무엇보다 ESG 경영에서 'S(Social, 사회)' 부문의 주요 항목 중 하나인 고객관리에 대한 목표설정과 관련해 고객의 기대를 충족시키는 데 집중한다. 동시에 고객 불만 해소 및 만족스러운 고객경험의 중요성을 인지하고 이에 맞는 세부 과제를 도출해 실천하고 있다.

한국수자원공사 물관리 종합상황실에 구현된 디지털 트윈 물관리 플랫폼 '디지털 가람 플러스' 화면

특히, 갈수록 공공기관을 향한 강도 높은 혁신과 질 높은 대국민 서비스가 요구되고 챗봇, 인공지능 등 최신 디지털 기술 도입 및 혁신 경쟁이 심화되고 있다. 한국수자원공사 또한 디지털 기술 등을 활용하여 안정적인 서비스 품질을 유지하는 것은 물론, 다양한 고객 편의서비스 시행에 심혈을 기울이고 있다.

디지털 트윈 기반의
새로운 물관리 솔루션

한국수자원공사는 디지털 대전환 시대에 발맞춰 최신 4차 산업혁명의 혁신 기술을 물관리에 접목하고 있다. 디지털 트윈 물관리 플랫폼 구축이 대표적인 사례라 할 수 있다. 디지털 트윈은 현실 세계를 가상 세계에 그대로 구현하는 기술이다. 이를 통해 다양한 수재해 결과를 시뮬레이션한 뒤 문제점을 파악하고 해결방안을 찾을 수 있다. 물관리에 디지털 트윈 기술을 적용하면, 현실을 복제한 가상의 세계에서 각종 수리·수문 데이터를 실시간으로 모니터링하고 수집된 데이터를 분석·활용한 시뮬레이션 예측을 통해 최적의 물관리 시나리오를 도출한다.

한국수자원공사는 2022년 섬진강 유역에 현실과 같은 3차원 가상 세계를 구현하는 디지털 트윈 물관리 플랫폼 'Digital

디지털 트윈 플랫폼을 통해 실시간으로 데이터를 모니터링하면서 수재해 예방을 위한 최적의 의사결정을 내릴 수 있다.

GARAM+(디지털 가람플러스)'를 도입한 데 이어 지난해 도입 지역을 한강·금강·영산강·낙동강 전역으로 확대했다.

디지털 트윈 기술을 활용한 덕분에 댐 시설 중심의 물관리 방식에서 벗어나 댐-유역-하천을 연계해 하나의 시스템으로 관리할 수 있게 됐다. 한국수자원공사의 디지털 트윈 물관리 플랫폼은 홍수를 비롯한 다양한 수재해에 대비할 수 있도록 가뭄, 물 순환, 수질 정보 등을 플랫폼에 탑재해 그 기능을 확장했다. 이와 함께 실시간 데이터 모니터링, 화상회의 기능 등을 통해 사용자가 빠르고 정확하게 수재해 예방을 위한 최적의 의사결정을 내릴 수 있도록 지원한다. 한국수자원공사는 지난 50여 년간 축적한 물관리 노하우와 디지털 트윈 기반의 물관리 기술을 통해 국민의 생명과 재산을 지키고, 국내 디지털 물관리 분야 산업 육성에도 힘쓸 계획이다.

첨단 디지털 기술 적용의 모범 사례, 화성 AI정수장

수돗물 생산·공급 관리 측면에서도 최신 디지털 기술을 적극 활용한다. 경기도 화성시에 위치한 화성 AI정수장은 하루 최대 26만m^3의 생활용수를 생산·공급하며, 평택시 고덕산단에는 최대 22만m^3의 공업용수를 공급한다. 국가 상수도 선진화를 목표로 추진한 스마트 정수장 사업의 하나로, 다양한 혁신 기술을 활용해 정수 처리 공정 운영 전반을 자동화한 국내외 최초의 인공지능(AI) 기반 스마트 정수장이다. 특히 수돗물 생산·공급과정 전반에 ICT 및 AI 기술을 도입해 디지털 전환을 추진한 국내 최초 광역 상수도 시설로서, 2021년 시범 구축 후 3년 동안 기술혁신을 거쳐 현재 AI와 디지털 트윈(가상 모형) 기술을 적용해 4가지 핵심 기술을 구현하고 있다.

   화성 AI정수장은 빅데이터 기반의 AI 기술을 적용하여 주요 정수처리공정의 자율 운영이 가능하며, 에너지 관리, 설비 상태 예

빅데이터 기반의 AI 기술을 활용해 주요 정수 처리 공정의 자율 운영이 가능한 화성 AI 정수장

화성 AI정수장 중앙조정실에서 한국수자원공사 직원들이 주요 공정의 가동 상황을 모니터링하고 있다.

측을 기반으로 한 사전 예방정비, 지능형 영상감시 등의 기능을 갖췄다. 이에 따라 이상기후에 따른 급격한 물관리 여건 변화에도 안정적이고 신속하게 주민들에게 용수 공급이 가능하며, 최적의 설비 운영을 통한 실시간 전력량 감시·분석으로 효율적으로 에너지를 활용한다.

화성 AI정수장은 이러한 성과를 인정받아 지난해 세계경제포럼(World Economic Forum, WEF)에서 발표한 '글로벌 등대(Global Lighthouse Network)'로 선정됐다. 글로벌 등대는 어두운 밤하늘에 등대가 빛을 밝혀 길을 안내하듯 인공지능, 빅데이터 분석 등 4차 산업혁명의 핵심 기술을 적극 도입해 세계 제조업의 미래를 선도하는 기업을 가리킨다. 세계경제포럼은 2018년부터 전 세계 기업의 생산시설을 심사해 매년 글로벌 등대를 선발하고 있다.

한국수자원공사의 화성 AI정수장은 전 세계 물관리 시설 중 최초로 글로벌 등대에 선정됐을 뿐 아니라, 공공 물 서비스 분야 최초 사례라는 점에서도 그 의미가 남다르다. 한국수자원공사는 향후 AI정수장 기술을 전국 43개 광역정수장으로 확대 도입해 안정적인 수돗물 생산·공급 기반을 마련할 계획이다. 이를 통해 매년 약 95억 원의 생산원가 절감 효과 또한 기대된다.

수도요금 동결로
민생 경제 안정에 기여

한국수자원공사는 지난해 9월 정부가 발표한 물가 안정 대책에 따른 후속 조치로 수도요금 동결을 선언했다. 정부의 물가 안정 기조에 동참하고 국민 부담을 최소화하는 데 기여하려는 조치였다. 생산 비용이 지속적으로 올라 향후 수돗물 생산원가가 증가할 전망이었지만, 디지털 전환 등 혁신적 노력으로 요금 동결을 위한 여력을 확보했다.

이를 위해 전사적인 TF를 꾸리고 ▲국내 경제 여건 분석 ▲내부 투자 계획 ▲혁신 기반 생산원가 절감 방안 등을 점검한 결과, 에너지 비용 상승 등에 따라 향후 수돗물 생산비용이 연간 약 370억 원 상승할 것으로 분석됐다. 그럼에도 불구하고 국민 부담을 최소화하는 차원에서 요금 인상 대신 원가절감 등 자구노력에 주력하기로 임직원이 함께 뜻을 모았다.

한국수자원공사는 수도사업 운영 혁신을 통해 생산성을 높여 원가 상승 요인을 최대한 억제하는 방식으로 향후 2년간 요금을 동결하기로 했다. 이를 위해 신규 개발 지역에 대한 용수 수요 적기 대응 등으로 수도사업 매출액을 늘리고, 최신 디지털 기술을 적용한 스마트 인프라 구축을 통해 시설가동 전력요금, 약품비 등 생산원가를 상당 부분 절감하기로 했다.

윤석대 한국수자원공사 사장은 지난해 9월 노동조합과 함께 민생 경제 안정 차원에서 수도요금 동결을 선언했다.

한국수자원공사가 생산하는 광역상수도는 지자체, 기업 등에 공급되며, 지자체는 이를 활용해 수돗물의 최종 소비자인 국민에게 공급한다. 이러한 국가 상수도 공급체계에 따라 한국수자원공사의 요금 동결 선언은 지자체 수도요금 인상 요인 완화에도 긍정적인 역할을 할 것으로 기대를 모았다.

2021년 기준 광역상수도는 지자체가 국민에게 공급하는 수돗물(지방상수도) 원가의 약 22%를 차지하고 있어, 지자체와 국민 부담은 물론 경제 전반의 생산원가와 소비자물가 상승에도 직간접적인 영향을 미친다. 광역상수도 요금 상승은 지자체와 국민 부담은 물론, 경제 전반의 생산원가와 소비자물가 상승에도 직간접적

영향을 미치는 중요한 요소라는 점에서 수도요금 동결은 국내 기업들의 경쟁력 확보에도 큰 도움이 될 것으로 기대된다.

AI 챗봇을 통한 수도 상담서비스와 모바일 요금고지

고객 편의와 만족도를 높이기 위해 도입한 AI 챗봇 서비스도 고객으로부터 높은 호응을 이끌어내고 있다. 한국수자원공사는 2020년 사내 직원을 대상으로 한 업무에 최초로 챗봇을 도입한 이후, 현재까지 18개 분야에 걸쳐 1,700여 개의 서비스를 제공하고 있다. 특히 2022년 4월부터 지방상수도 챗봇 서비스인 '방울이톡'을 오픈하면서 22개 지자체의 수돗물 이용과 관련한 정보를 365일 24시간 제공 중이다. 주요 내용은 ▲요금 조회 및 납부 ▲계량기 관리 및 수도검침 관련 문의 ▲누수 감면 문의 및 신청 ▲상수도 수질검사 요청 ▲기타 일반 민원 등으로 약 60개 분야에 대해 질의 서비스를 제공한다. 방울이톡은 지방상수도 포털 사이트에 접속하거나, 카카오톡에서 '한국수자원공사 지방상수도'를 친구 추가하면 별도의 가입이나 인증 절차 없이 이용할 수 있다.

한국수자원공사는 저부가가치 업무는 줄이고 데이터 중심의 새로운 가치 창출에 집중하면서 더 높은 생산성을 창출하기 위해 사업 전 분야의 챗봇 서비스 확대를 주요 추진 과제로 삼고 있다. 앞으로도 챗봇을 통해 응답 가능한 업무를 지속 발굴하고 서비스를 고도화하는 등 업무 혁신 노력을 확대해 나갈 계획이다.

지방상수도 이용 주민을 대상으로 한 수도요금 고지 방식도 개선했다. 기존에는 종이 고지서와 이메일을 통한 고지 방식을 병행했으나 이메일 고지는 모바일과 비교했을 때 상대적으로 접근성이 떨어져 활용 빈도가 낮다는 문제가 있었다. 카카오톡 앱을 활용한 모바일 알림 서비스도 요금 알림 기능만 할 뿐 법적 요금 고지의 기능이 없어 실효성이 떨어졌다.

하지만 지방자치법 개정에 따라 스마트폰 등을 활용한 요금 고지가 가능해지면서 종이 고지서 외에 모바일 고지가 가능하도록 개선했다. 지자체 조례상 모바일 고지가 가능하도록 명시된 16개 지자체 이용 주민을 대상으로 우선적으로 모바일 고지를 도입하면서 고객 편의를 증진할 수 있었고, 모바일 고지 신청 시 종

지방상수도 챗봇 서비스인 '방울이톡'의 메인 화면

이 고지서를 발행하지 않으면서 ESG 경영 측면에서도 효과를 거둘 수 있게 됐다.

민관이 함께 찾은
폐플라스틱 해법

한국수자원공사는 댐 일대에서 발생하는 폐플라스틱 쓰레기 문제 해결에도 힘쓰고 있다. 전라남도 순천시에 위치한 주암댐은 저수용량이 7억 700만m^3에 이르는 다목적댐으로 광주·전남 지역의 주요 식수원이자 여수·광양국가산업단지 공업용수의 주요 공급원이다. 따라서 댐 상류 지역의 경우 폐플라스틱 등 쓰레기로 인한 오염을 예방하고, 수질을 관리하는 것이 무엇보다 중요하다.

주암댐 일원에서 수거되는 쓰레기는 연평균 3,800m^3로 이 가운데 30%(1,100m^3)가량이 플라스틱 음료수병, 일회용기 등 폐플라스틱 쓰레기다. 한국수자원공사는 순천시와 지역주민, 환경 및 소비자단체와 함께 폐플라스틱 문제에 대한 해결 방안을 모색해왔다. 주암댐 상류 플라스틱 오염문제 해결을 위한 '업사이클링 순환체계 조성 프로젝트'를 추진한 배경이다. 한국수자원공사 주암댐지사는 폐플라스틱을 활용한 업사이클링 플랫폼 운영을 통해 공기업과 지역사회가 함께 탄소중립을 실천하는 모델을 만들어보자는 취지로 2022년부터 프로젝트를 시작했다. 이를 통해 폐플라스틱을 활용한 지역 상생 비즈니스 모델을 구축함으로써 댐 주변 지역주민들의 소득 창출에도 기여할 수 있게 됐다. 프로젝트 과정에서 지역 공동체와 함께 올바른 자원 분리배출 캠페인, 수거·분류 체험 행사, 업사이클링 제품 개발 및 전시 등을 중점 추진했다. 주암댐 상류에 버려진 부유물과 플라스틱 쓰레기를 주워 수질 정화 활동을 펼쳤으며, 탄소중립의 중요성을 강조하는 환경 캠페인과 자원 분리배출 교육을 실시했다. 이를 바탕으로 댐 상류의 오염원을 줄이고, 지역주민들의 올바른 자원 분리배출 문화를 조성하는 데 기여했다.

또한 순천 YMCA와 협업을 통해 폐플라스틱으로 업사이클링 제품을 만들 수 있는 '플라스틱 대장간'을 만들었다. 이곳에서 플라스틱을 분쇄해 조각으로 만들고 이를 사출기에 넣으면 폐플라스틱이 화분 그릇, 치약 짜개, 열쇠고리 등으로 재탄생한다. 이렇게 재탄생한 제품을 지역 곳곳에서 전시하거나 판매하고 있다.

한국수자원공사는 앞으로도 주암댐 상류 폐플라스틱을 재활용하는 자원 순환 체계를 강화해 재활용 물품을 확대해 나갈 예정이며, 사회적 기업 설립을 통해 폐플라스틱을 재활용한 제품의 완성도를 높여 수익 창출에 기여할 계획이다.

지역주민 복지 증진을 위한
의료사랑방 출범

한국수자원공사는 지역 소멸 위기로 어려움에 처한 댐 주변 지역 주민의 복지 증진과 소득 증대를 위해 다양한 지원사업을 시행하고 있다. 그 일환으로 의료 서비스가 열악한 댐 주변 지역주민들을 대상으로 한 버스 방문 의료 서비스인 '의료사랑방' 운영을 올해부터 시작했다. 올해는 소규모 댐 3개가 모여 있는 영천, 청송, 군위 3개 군의 댐 주변 지역주민들을 위해 위드의료복지사회적협동조합, 경북시민재단과 함께 버스 방문 의료 통합 돌봄 서비스를

2024년부터 본격적으로 운영을 개시한 버스 방문 의료 서비스인 한국수자원공사 의료사랑방

실시한다.

　버스 방문 의료 통합 돌봄 서비스는 해당 지역에 사는 어르신들을 찾아가 무료로 의료 버스에서 혈액, 골밀도, 심장 등 검진을 비롯해 운동·생활습관 상담, 복약 관리 등 기본 진료 서비스를 제공한다. 진료 결과 세부 진료가 필요하다고 판단되는 주민은 보건소나 전문병원으로 안내한다. 올해에는 48개 리 2,000명의 주민을 대상으로 방문 진료를 60회 실시할 예정이다.

　버스 방문 의료 돌봄 서비스 시행으로 거동이 불편한 어르신 등 댐 주변 지역에 사는 의료 취약계층이 의료 혜택을 누릴 전망이다. 한국수자원공사는 앞으로도 지역주민들이 소외되지 않고 의료 서비스를 누릴 수 있도록 지자체, 보건소, 의료재단 등과 지속적으로 협력하면서 지역 활성화에도 기여하도록 노력을 기울일 예정이다.

친환경 프로젝트 투자를 위한
그린본드 발행

　최근 기후위기 등으로 지속가능한 발전이 범지구적 이슈로 대두되는 가운데, 채권시장에서는 '그린본드'가 주목받기 시작했다. 그린본드는 자금 사용 목적이 재생에너지나 오염 방지 등 환경

친화적 프로젝트를 위한 투자일 경우에 발행되는 채권이다. 그린본드와 같은 ESG 채권은 일반 채권과 달리 회계법인 등 외부 기관으로부터 국내외 가이드라인에 따라 채권의 사용처와 프로젝트 선정 절차, 자금 관리 등이 ESG 원칙에 부합하는지 명확한 인증 과정을 거쳐야 한다. 따라서 그린본드는 친환경적 기업의 가치를 평가받는 새로운 지표라 볼 수 있다.

한국수자원공사는 2018년 금융공기업을 제외한 공기업 최초로 그린본드 발행에 성공했다. 채권 발행 30주년이 되는 지난해 9월에는 한화 3,750억 원에 달하는 2억 5,000만 스위스프랑(CHF)의 그린본드를 발행했다. 특히 2.1725%의 낮은 금리로 발행해 원화 채권 대비 이자 비용을 32억 원 가까이 절감하는 성과를 거뒀다. 앞서 한국수자원공사는 2018년, 2022년 글로벌 금융 전문지 《디 애셋(The Asset)》이 선정한 '디 애셋 트리플에이 어워드' 최우수 그린본드상을 받았다. 이는 한국수자원공사의 물관리 역량의 지속가능성과 친환경적인 성과를 국제적으로 인정받은 결과라 할 수 있다. 특히 채권 발행으로 조달된 자금은 이상기후로 인해 늘어난 가뭄이나 홍수 등의 물 재해를 저감하는 데 투자할 계획으로, 수도 시설 대체, 재생에너지 확대 등 다양한 친환경 프로젝트를 추진할 계획이다.

한국수자원공사는 '물이 여는 미래, 물로 나누는 행복'이라는 미션을 바탕으로 물 재해로부터 국민을 안전하게 보호하고, 깨끗한 물을 공급하며, 물 복지 혜택에 소외되는 이들이 없도록 하는 데 전념하고 있다. 한국수자원공사가 추구하는 고객만족경영의 방향성 또한 기업 미션과 맞닿아 있다고 볼 수 있다. '고객의 가치가 곧 우리의 가치'라는 경영철학 아래 변화하는 고객 니즈에 신속하고 정확하게 대응하기 위한 디지털 혁신을 가속하며 고객중심경영 실천 노력을 이어가고 있다.

Interview

사소한 문제라도 함께 고민하며
해결해 나가겠습니다

배수정
경영혁신실 ESG경영부장

Q 우선 부장님에 대한 간단한 소개 부탁드립니다.

한국수자원공사의 경영혁신실 내 ESG경영부에서 근무 중입니다. ESG 경영부에 대해 소개하자면 경영 활동 전 과정에 ESG 실행 체계를 구축하고 경영 투명성을 제고해 지속가능한 성장에 기여하는 것을 목표로 고객경영, 혁신경영, 사회공헌 등 다양한 업무를 수행하고 있습니다.

Q 고객만족경영에서 중점을 두고 추진하는 사항은 무엇인가요?

고객이 원하는 것이 무엇인지 정확하게 파악하고 사소한 문제라도 개선점을 찾기 위해 함께 고민하려 합니다. 무엇보다 VOC를 접수하면 신속하고 성의 있게 대응함으로써 고객 불만을 최소화하기 위해 노력하고 있습니다. 특히 올해에는 디지털 서비스 확대에 주력해 고객이 더욱 만족할 수 있도록 고객 중심의 개선 활동을 추진할 계획입니다.

Q 성공적인 고객만족경영을 위한 기관의 차별화 포인트는 무엇인가요?

안정적이고 깨끗한 용수공급이라는 한국수자원공사의 본연의 설립목적에 충실하면서 부서별 특성에 맞는 고객 스킨십 프로그램 활성화, 신속·정확한 VOC 처리, 수도요금 동결 등을 통해 고객이 요구하는 바를 충족시키기 위해 다각적으로 노력한 점이 좋은 평가를 받은 요인이지 않을까 생각합니다. 가뭄·집중호우 등으로 용수공급 환경이 갈수록 어려워지는 한편 코로나 일상 회복 이후 고객의 니즈가 증가하는 상황에서도 모든 직원이 사명감을 바탕으로 한발 앞선 서비스와 적극적인 VOC 피드백에 나선 것이 고객만족으로 이어졌다고 생각합니다.

Q 올해 고객만족경영 측면에서 새롭게 추진하고 있는 점이 있다면 소개해 주세요.

올해 고객만족경영 활동은 '디지털 서비스 도입 확대'와 '업무 효율성 제고'라는 두 가지 측면에 중점을 두고 있습니다. '오늘도 내일도 국민이 매우 만족하는 한국수자원공사'라는 비전 아래 '고객이 체감하는 디지털 고객서비스 확대'와 '고객에 더 집중하는 직원·고객센터'를 목표로 두고 세부 개선 과제를 추진 중입니다. 특히 디지털 고객서비스와 관련해 말씀드리자면 지방상수도 민원 대응을 위해 운영 중인 고객센터(콜센터)에 '보이는 ARS 서비스' 시스템을 전면 도입합니다. 여기에 기존 챗봇 플랫폼을 함께 연동하면서 단순 고객문의는 챗봇을 통해 주·야간 모두 대응할 수 있도록 개선해 고객들이 필요할 때 언제든 편리하게 이용할 수 있도록 지원할 계획입니다.

수출기업의 든든한 조력자,
대한민국 경제성장을 견인하다

한국수출입은행은 1976년 한국수출입은행법에 따라 수출입, 해외 투자, 해외 자원 개발 등 대외 경제협력에 필요한 금융을 제공함으로써 국민경제의 건전한 발전을 촉진하기 위해 설립됐다.

76조 원 여신 지원으로
수출 회복의 모멘텀 마련

한국수출입은행은 1976년 한국수출입은행법에 따라 수출입, 해외 투자, 해외 자원 개발 등 대외 경제협력에 필요한 금융을 제공함으로써 국민경제의 건전한 발전을 촉진하기 위해 설립됐다. 공적수출신용기관(ECA)으로서 주요 수출산업과 해외 투자 및 자원개발산업 등에 대한 금융 지원을 하고 있다. 대외경제협력기금 운영을 통해 개발도상국의 산업화와 경제개발을 지원하고 있으며, 남북협력기금 운영을 통해 남북 교류 협력을 촉진하는 역할도 수행한다.

설립 이래 한국수출입은행은 수출입, 해외 투자 및 해외 자원

개발 등 대외 경제협력에 필요한 금융 지원을 통해 국가경제 성장을 뒷받침해 왔다. 자동차, 조선, 플랜트 등 주요 기간산업부터 반도체, 이차전지, 바이오 등 첨단 전략산업에 대한 금융 지원으로 수출 촉진을 이끌었으며, 금융위기 상황에서는 산업의 안전판 역할을 담당했다. 지난해에는 당초 목표였던 70조 원을 초과한 총 76조 원의 여신을 지원해 수출 회복의 모멘텀을 마련했으며, 역대 최대 규모의 대외협력기금(EDCF) 승인과 집행을 통해 '글로벌 중추국가 도약'을 목표로 하는 정부 정책에 적극적으로 부응하고 있다. 올해부터는 '경제안보를 위한 공급망 안정화 지원 기본법(공급망안정화법)' 시행에 맞춰 공급망 안정화 기금을 적극 운영해 공급망 안정화와 경제안보에도 기여할 계획이다. 공급망 안정화 기금이란 공급망안정화법에 따라 운영되는 기금으로 국내외 요인에 따른 공급망 위험을 예방하고 공급망 교란이 발생했을 때 이에 효과적으로 대응하기 위해 수입선 다변화, 대체 기술 개발, 국내 유턴 기업 지원, 해외 자원 확보 등을 수행하는 기업 지원에 활용된다.

금융 지원 수단의 다변화로
정책금융 효과 극대화

한국수출입은행은 수출환경 변화와 고객의 금융 수요에 맞는 금융 프로그램을 수시로 개발하고 제공하며 고객과 함께 성장해 왔다. 시설자금, 운영자금, 인수합병(M&A), 연구개발(R&D) 등 대출·보증의 전통적 금융 수단 외에도 우리 기업의 해외 수주 경쟁력을 높이기 위한 기본여신약정(F/A) 체결, 중소·중견기업 수출과 첨단 전략산업 육성을 위한 펀드 조성 등 지원 수단의 다변화를 통해 정책금융 효과를 극대화하는 데 기여했다.

한국수출입은행은 지난해 6월 자체적으로 선정한 첨단 전략산업에 대해 정책금융을 집중 지원하는 방안을 마련했다. 이에 따라 2028년까지 향후 5년간 총 50조 원의 금융을 지원할 계획이다. 첨단 전략산업 지원 프로그램은 5개 산업 분야 총 69개 품목을 첨단 전략산업으로 선정하고, 관련 사업을 영위하는 기업에 금융 지원 시 금리, 대출한도 등 우대 조건을 제공한다. 앞서 2021년 8월부터 반도체·배터리·바이오·미래차를 핵심 전략 산업으로 지정하고 연간 7조 원 내외를 지원해 온 바 있다. 이에 더해 정부의 미래산업 육성 및 신수출동력 확보 정책을 뒷받침하기 위해 첨단 전기전자 부문을 추가하고 중장기 지원 규모를 설정해 운영하기로 방침을 정했다. 이를 통해 기업들이 초격차 전략 기술을 바탕으로 글로벌 경쟁력을 강화할 수 있도록 기술 개발과 생산 인프라 구축 등에 금융 지원을 집중할 계획이다.

'첨단 전략산업 펀드' 조성에도 나섰다. 한국수출입은행은 지난해 4개 운용사 앞으로 총 1,500억 원을 출자해 1조 원 규모의 펀드 조성에 성공했으며, 올해도 마찬가지로 1,500억 원을 출자해 1조 원 규모의 첨단 전략산업 펀드 조성에 나선다. 이러한 출자사업으로 첨단 전략산업 분야에 민간 투자를 유도하는 마중물 자금을 공급해 기업들이 금융 부담을 덜고 글로벌 경쟁력을 확보하는 데 힘을 보탠다는 방침이다. 또한 펀드가 투자한 기업이 ESG 관련 인증을 신규 획득하는 경우, 그 실적에 따라 수익 일부를 운용사에 인센티브로 지급함으로써 운용사와 투자 기업의 ESG 경영 내재화를 유도하려는 의미도 담고 있다.

글로벌 공급망 위기에 대응하기 위한 공급망 안정화 지원에도 적극 나서고 있다. 한국수출입은행은 2022년 1월 글로벌 공급망 위기 대응을 위해 15조 원의 금융 지원을 목표로 한 '공급망 안정화 금융 프로그램'을 신설해 원자재 확보, 물류 기반 확충, 중소·중견기업 긴급 유동성 공급 등에 총 22조 원을 지원했다. 이어 지난해 8월에는 2025년까지 3년간 65조 원의 금융을 지원하는 방향으로 공급망 안정화 금융 프로그램을 확대·개편했다. 개편된 프로그램은 기존의 5개 분야에서 12개 분야로 지원 영역을 세분화하고 중장기 지원 규모를 설정하는 등의 내용을 담고 있다. 이를 통해 자체 선정한 7대 핵심광물과 4대 식량자원에 대한 수입 및 해외 사업 관련 금융 지원 시 대출금리와 보증료 인하에 나서기로 했다.

또한 올해부터는 '공급망안정화법' 시행에 맞춰 최대 5조 원 규모의 공급망 안정화 기금 운영을 시작한다. 한국수출입은행은 공급망 안정화 기금으로 국가 경제안보 차원에서 필수적인 경제안보 품목 등의 공급망 안정화 사업을 중점 지원하게 된다. 한국수출입은행의 자체 정책금융과 공급망 안정화 기금이 대형 사업에 공동으로 제공되면 공급망 안정화 정책 효과가 커질 것으로 기대된다.

전 세계적인 ESG 경영 강화 흐름에 맞춰 정책금융기관으로서 역할도 강화하고 있다. 지속가능성장 촉진 프로그램, 글로벌 넷제로(Net-Zero) 촉진 프로그램 및 수출초기기업 성장지원 프로그램 등 다양한 지원 프로그램을 통해 기업들의 ESG 경영활동을 뒷받침하고 있다.

이처럼 한국수출입은행은 지속가능한 고객만족 활동을 통해 고객 기반을 확대하고 만족도를 제고하고자 다각적인 노력을 기울이고 있다. 갈수록 글로벌 공급망 재편, 무역장벽 증대 등 대외 불확실성이 확대되는 상황에서, 우리 수출 기업들이 해외 시장을 무대로 흔들림 없이 경영에 임할 수 있도록 지원을 강화해 나간다는 방침이다. 올해는 특히 ▲ESG·상생금융 등 지속가능경험을 제공하는 금융서비스 강화 ▲디지털 혁신 기술 및 오프라인 활동 병행을 통한 고객만족도 향상 ▲고객 편의성 제고를 위한 내·외부 고객 의견 청취·반영에 중점을 두고 고객만족 활동을 전개하고 있다.

기업금융 디지털 플랫폼 등
디지털 혁신 가속화

한국수출입은행은 기업 지원 프로그램을 이용하는 기업들의 편의 증진을 위해 디지털 혁신에 속도를 내고 있다. '기업금융 전용 디지털 플랫폼'은 한국수출입은행이 그동안 추진해 온 디지털 혁신 노력의 산물이라 할 수 있다. 기업금융 전용 디지털 플랫폼은 디지털 혁신전략의 일환으로, 여신 신청, 약정 체결, 각종 증명서 발급에 이르는 기업금융 프로세스 전반을 비대면으로 수행할 수 있도록 전면 디지털화한 것이다. 여신 서류 작성과 제출에 소요되는 시간이 대폭 줄어 기업의 업무 효율성이 크게 개선되고 정책금융에 대한 접근성도 한층 높일 수 있다는 점이 장점이다.

특히 60여 종의 서류를 한글 등 별도의 프로그램 없이 화면에서 직접 입력이 가능한 웹 서식으로 구현해 편리하게 서류를 작성할 수 있게 했다. 또한 이 플랫폼은 일부 서류나 특정 상품에 국

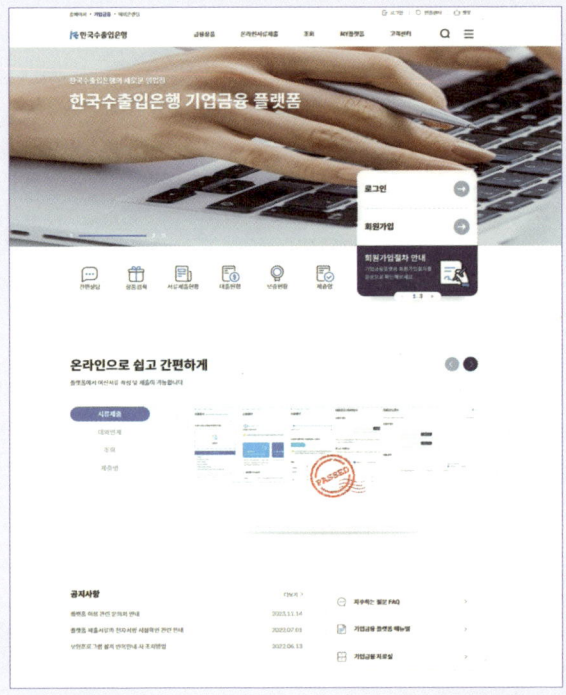
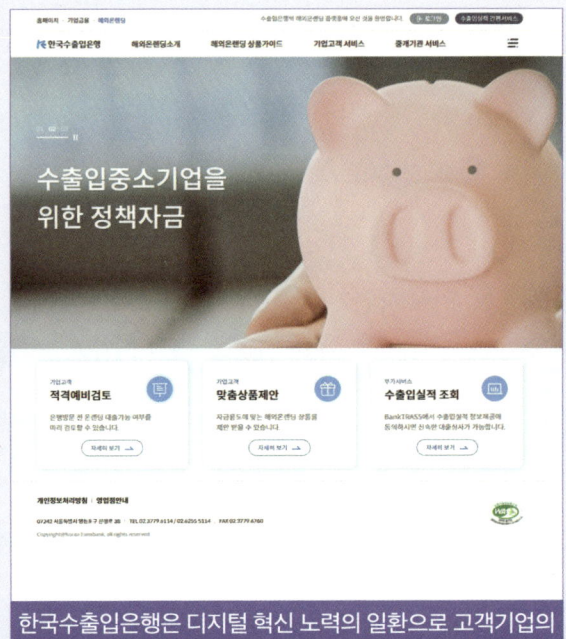

한국수출입은행은 디지털 혁신 노력의 일환으로 고객기업의 편의 증진을 위해 기업금융 디지털 플랫폼과 해외온렌딩 디지털 플랫폼을 구축했다.

이용 소감 (고객기업)

플랫폼 회원가입 및 온라인 서류제출을 통해 여신 거래를 진행한 기업을 대상으로
담당자 의견, 이용 소감 및 향후 이용 의사 등을 확인

HYOSUNG HEAVY INDUSTRIES — 자금팀 사원
온라인으로 여신서류 제출이 가능하여 재택근무시에도 업무 처리가 가능해지는 등 업무수행에 물리적인 제약이 없어졌다는 게 편리했습니다. 또한 여신현황 및 각종 기일을 플랫폼에서 실시간으로 확인할 수 있고, 실물 서류 제출에 크게 줄어들면서 서류 누락의 문제를 방지할 수 있다는 점이 좋았습니다.

ASIANA AIRLINES — 자금팀 사원
이행보증 조건변경 관련 서류가 잘 구현되어 있어 이용하기 편리하고, 특히 주요 서류들에 웹서식화 되어있어 서류 작성이 매우 간편했습니다. 수은 담당자의 검토의견을 온라인으로 확인하고 바로 조치할 수 있다는 점도 매우 편리한 기능이었습니다. 서류파일 업로드 시 종종 오류가 발생했는데 이 부분은 개선이 필요해 보입니다.

현대미포조선 — 수출금융팀 매니저
기업금융플랫폼 이용에 대해서 전반적으로 만족합니다. 특히나 물리적 거리에 따른 서류제출 시간 소요로 인해 발생했던 여신 절차의 지연이 해소되어 시간과 비용을 줄일 수 있다는 점이 가장 큰 이점입니다. 온라인 서류제출 시 여러 건을 일괄로 전자서명하는 기능이 추가된다면 더욱 편리하게 이용할 수 있을 것 같습니다.

SeAH 세아씨엠 — 경영관리팀 차장
수은 플랫폼과 같이 기업여신에 비대면 서비스를 전면 제공하는 금융기관은 수출입은행이 유일하며, 회원가입 등을 위한 초기 접근에 다소 어려움이 있었으나, 온라인으로 신청, 약정 체결 등이 가능하고, 기제출 서류의 재사용 기능과 편리기능을 서류 준비 및 제출에 소요되는 시간이 크게 감소하여 업무 효율이 올라갔습니다. 또한, 여신 현황 및 일정 관리도 쉽게 조회 가능하여 편리하게 이용하고 있습니다.

Hansol 한솔씨엠 — 자금팀 책임
처음에는 플랫폼 사용이 익숙치 않아 불편한 점들이 있었으나, 이후 재대출 및 신규 차입 등을 실제로 몇차례 진행해보니 담당자의 피드백을 빨리 받을 수 있어서 업무를 진행하는데 훨씬 효율적이었습니다. 플랫폼을 통한 온라인 서비스 제공으로 기존 오프라인 방식의 불편사항들이 많이 개선된 것 같습니다.

GTI SOLUTIONS — 회계팀 부장
온라인 서류제출 후 실시간으로 수은의 피드백을 받고 이에 대한 후속처치가 바로 가능한 점이 편리하며, 현재 진행중인 업무 현황을 확인할 수 있어서 업무의 효율성이 증대되었습니다. 또한 신규 시스템에 대한 매뉴얼이 화면별로 자세히 마련되어 있어 이용에 큰 어려움이 없었습니다.

팜스토리 — 회계팀 팀장
실물서류 제출에 필요한 소요시간을 줄이고 금융거래확인서 등 수시요청서류를 온라인으로 쉽게 신청하고 발급받을 수 있어 업무 편의성이 크게 개선되었습니다. 앞으로도 수출입은행의 업무 디지털화가 더욱 활성화되었으면 합니다.

케이씨 — 재경팀 부장
여신취급 시 대표이사 자서가 필요한 서류가 많아 서류준비에 많은 시간이 소요되고 번거로웠는데, 플랫폼을 통한 법인공동인증서 전자서명으로 대체되어 업무 절차가 굉장히 간소화된 점이 좋습니다. 또한 플랫폼에서 여신금 상환기일 등이 통지되어 업무진행상황 등이 통지되어 업무를 훨씬 체계적이고 효율적으로 수행할 수 있습니다. 타행 사이트와 비교하여 월등히 이용하기 좋습니다.

대상벨라라이프 — 재무팀 대리
플랫폼을 통해 여신 재대출 업무를 편리하고 빠르게 진행할 수 있었습니다. 실물 서류를 발송할 필요가 없고, 과거 제출서류를 플랫폼에서 확인 가능하여 서류 준비에 굉장히 편리했으며, 업무 처리 시간을 크게 단축할 수 있었습니다.

SJS 석진철강(주) — 관리팀 대리
플랫폼을 이용하게 되면서 실물 서류 제출이 많이 줄어들었고, 온라인으로 모든 전결처를 진행할 수 있다는 점에서 프로세스가 정말로 편리하다고 생각합니다. 웹사이트에 더 많은 정보들이 자동으로 입력이 되면 더 편하게 이용 가능할 것 같습니다.

기업금융 디지털 플랫폼을 이용한 고객기업으로부터 이용 소감과 개선 의견을 전달받아 서비스 개선에 반영하고 있다.

한되지 않고 한국수출입은행이 취급하는 대부분의 기업금융 상품의 전체 프로세스에 적용되기 때문에 기업의 사용 편의성을 크게 높였다.

디지털 플랫폼을 이용하는 고객기업의 반응도 매우 긍정적이다. 한국수출입은행이 고객기업을 대상으로 디지털 플랫폼 이용 소감을 조사한 결과에 따르면, 온라인으로 여신 서류 제출이 가능해져서 재택근무를 하면서도 업무를 처리할 수 있으며, 온라인으로 서류를 제출 후 실시간으로 피드백을 받고 즉각적으로 후속

조치를 할 수 있어 편의가 크게 증대됐다는 반응이 대부분이었다. 한국수출입은행은 이처럼 고객기업의 플랫폼 이용 만족도와 개선 의견을 조사해 시스템과 프로세스에 반영하려는 노력을 지속하고 있다.

중소·중견기업을 대상으로 운영·시설·해외 사업 자금을 대출해 주는 '해외온렌딩 디지털 플랫폼' 역시 디지털 혁신의 대표 사례다. 해외온렌딩 디지털 플랫폼은 고객기업과 중개금융기관이 온라인 시스템을 이용해 대출 가능 여부와 심사 진행 현황을 실시간으로 확인할 수 있다. 자금이 필요한 중소기업은 디지털 플랫폼에 접속해 대출 가능 여부와 맞춤형 상품 안내 등의 서비스를 손쉽게 이용할 수 있다. 특히 수출입 실적 간편 서비스 도입으로 그동안 수출입 실적 증명을 위해 복잡한 서류 제출 절차를 거쳐야 했던 기업 입장에선 업무 부담이 획기적으로 줄게 됐다. 중개금융기관 입장에서도 상품별 대출 가능 한도와 금리 정보, 심사 진행 현황 등을 실시간으로 확인할 수 있어 빠른 업무 처리가 가능해졌다.

한국수출입은행은 더 많은 기업이 디지털 플랫폼을 활용할 수 있도록 이를 이용하는 기업을 대상으로 우대금리를 제공하고 기프티콘 발송 등의 혜택을 제공하고 있다. 고객기업을 유치해 플랫폼 활성화에 기여한 직원에 대해서도 인센티브를 부여하며 플랫폼 활용도 제고에 힘쓰고 있다.

디지털 전환을 가속화하기 위한 IT인프라 구축에도 공을 들이고 있다. 한국수출입은행은 서울 여의도 본점에 위치한 기존 전산센터의 노후화와 수용 공간 포화 문제로 데이터센터 신축을 추진했다. 올해 완공을 목표로 경기도 용인시 소재 인재개발원 내 $9,868m^2$ 부지에 지상 3층 규모의 전산동과 지하 1층, 지상 4층 규모의 업무동으로 구성된 데이터센터를 짓고 있다. 데이터센터는 높은 에너지 효율과 신재생에너지 사용, 친환경 설비 구축에 중점을 두고 설계됐다. 한국수출입은행은 데이터센터 신축을 통해 IT인프라 관리의 안전성과 확장성, 효율성을 제고할 계획이다. 특히 클라우드 설계와 AI모니터링 체계를 적용해 IT자원의 효율적인 운영과 선제적 장애 예방에 큰 효과를 볼 수 있을 것으로 기대하고 있다.

ESG 상생금융으로
ESG 가치 확산에도 앞장

다각적인 ESG 경영 활동으로 ESG 경영 생태계 조성에도 기여하고 있다. 한국수출입은행은 2021년 국책은행으로서는 최초로 'ESG 경영 로드맵'을 발표하며 2030년까지 이행목표로 ▲ESG 여신 180조 원 공급 ▲ESG 채권 200억 달러 발행 ▲기관 탄소배출량 50% 감축 등을 제시했다. 이와 함께 'ESG 품목기반 지원', 'ESG 성과창출 지원', '중소·중견기업 ESG 활성화'라는 3대 원칙 아래 '지속가능성장 촉진 프로그램', '글로벌 Net-Zero 촉진 프로그램', '수출초기기업 성장지원 프로그램' 등 10개의 ESG 금융 프로그램을 지정해 국내 기업에 대한 ESG 여신 지원 방향성도 구체화했다.

ESG 여신 활성화 차원에서 고객기업이 ESG 상생금융 프로그램을 활용해 금융 지원을 받게 되는 경우 담당 부점과 직원에게 인센티브를 부여하는 방안도 마련했다. 특히 올해 신규 도입돼 고객은 물론 내부 직원에게도 아직 친숙하지 않은 프로그램을 활용하거나 취약 차주 보호를 위한 상생금융 프로그램을 활용하는 경우 CS 마일리지를 부여하도록 했다. 이를 통해 고객기업의 온실가스 감축 설비 투자를 촉진하는 녹색금융 활성화 프로그램, ESG 경영 수준과 향상도에 따라 중소기업에 금리 우대를 제공하는 지속가능 연계지원 프로그램, 취약 중소기업 경영 애로 지원을 위한 금리 인하 프로그램을 적극 활용하도록 독려하고 있다.

이와 관련해 지난해 8월 GS건설의 수처리 자회사 GS이니마는 한국수출입은행의 금융 지원에 힘입어 UAE 수·전력공사(EWEC)가 발주한 한화 약 9,200억 원 규모의 슈웨이하트(Shuweihat) 4 해수담수화사업을 수주해 주목받았다. 이 사업은 아랍에미리트 수도인 아부다비에서 서쪽으로 약 $250km$ 떨어진 곳에 위치한 기존

담수화플랜트 단지에 하루 약 32만m^3 규모의 해수담수화 시설을 추가로 짓는 친환경 수처리 사업이라 할 수 있다.

국내 기업의 친환경 프로젝트에 대한 우량자금 조달 기반을 확보하는 큰 성과를 거두기도 했다. 한국수출입은행은 지난해 1월 전 세계 투자자들을 대상으로 총 35억 달러 규모의 글로벌본드 발행에 성공했으며, 이 가운데 10억 달러 규모는 한국계 최초로 기후변화 등 환경 이슈에 민감한 글로벌 투자자들을 대상으로 자금을 유치하는 블루본드 형태로 발행했다. 블루본드는 채권 발행으로 확보한 자금 용도를 친환경 선박 건조, 해양재생에너지 개발 등 해양생태계 친화적 사업에 한정하는 특수목적채권이다. 블루본드 발행으로 확보한 자금은 우리 기업의 친환경·고효율 선박 건조를 위한 안정적인 자금 지원에 활용됨에 따라 환경 이슈에 민감한 해외 ESG 투자자 유치에도 기여할 전망이다.

중소·중견기업의 글로벌 ESG 규제 대응 지원을 포함하는 '3-3-3 상생금융' 지원 방안을 내놓기도 했다. 상생금융 방안은 ▲기존 상생 금융서비스 3,000억 원 확대(2.7조→3조) ▲중소기업에 대한 300억원 규모의 이자감면 ▲중소·중견기업의 글로벌 ESG 규제 대응을 위한 30억 원 규모의 심화 컨설팅 제공 등을 골자로 한다. 이를 통해 해외 시장 개척에 나서는 고객기업을 대상으로 ESG 고도화 수준에 따라 연 30억 원 규모로 필수적이고 실질적인 내용의 맞춤형 심화 컨설팅을 지원할 계획이다. 이로 인해 유럽연합(EU)의 지속가능성실사지침(CSDDD)과 탄소국경조정제도(CBAM) 등 글로벌 ESG 규제에 직면한 국내 기업들이 큰 도움을 얻게 될 전망이다.

고객기업 만족도
제고 노력 강화

고객기업의 만족도를 제고하기 위한 전문 역량 강화에도 힘쓰고 있다. AI 번역, AI 챗봇 등을 업무 전반에 도입해 고객기업에 대해 신속하고 일관성 있는 금융서비스를 제공할 수 있도록 업무 효율화에 주력하고 있다. 이를 위해 영문 금융계약서 등 금융 전문용어에 특화된 AI 번역 시스템을 구축하고, 자금세탁 방지 등과 같이 내부 직원 문의가 많은 업무에 AI 기술을 도입해 업무 편의를 도모했다. 또한 여신심사 시스템과 통계 분석 시스템을 고도화함으로써 데이터 기반의 의사결정 체계를 갖췄다. 이처럼 핵심 업무의 효율성을 높여 데이터 중심의 업무 수행 문화를 확립하는 데 앞장서고 있다.

고객의 불만 사항이나 민원을 해소하려는 노력도 강화하고 있다. 고객 상담 후 고객의 피드백을 받아 이를 분석·평가하고 더 나은 상담이 이뤄질 수 있도록 독려하고 있으며, 여신 상담 역량을 강화하기 위한 연수도 정기적으로 실시한다. 또한 내부적으로 업무 지식을 공유할 수 있는 프로그램을 마련해 직원의 휴가나 부서 이동 등으로 발생하는 업무 공백을 최소화하고 고객에게 일관성 있는 금융서비스를 제공하려 노력 중이다.

고객기업과의 소통 활동에도 적극적이다. 신규 금융 지원 사업과 여신 상품 안내 등이 수록된 뉴스레터를 발송해 고객기업이 관심을 가질 만한 소식을 주기적으로 전달하고 있다. 찾아가는 수주전략회의, 금융 지원 안내 고객기업 간담회, 개발도상국 공무원 초청 EDCF(대외경제협력기금) 협력 워크숍, 해외 사업 개발 성과 공유 간담회 등 다양한 대고객 대면 행사를 지속적으로 개최하고 있다.

지난해 10월에는 14개 개발도상국 개발 협력 담당 공무원을 초청해 '제27차 EDCF 협력 워크숍'을 개최했다. 이 워크숍은 1995년 처음 워크숍이 실시된 이래 지금까지 전 세계 54개국에서 400명 이상의 개발도상국 공무원들이 함께했으며, 다양한 국가들과 경제협력을 강화하는 데 기여해왔다. 워크숍 참가자들은 EDCF 이해 증진 세미나, 한국의 개발 협력 관련 특별 강의, 산업 현장 방문 등의 프로그램을 소화하며 한국과 실질적인 협력 방안을 모색하는 기회를 가졌다.

이렇듯 한국수출입은행은 대한민국 수출 기업의 경쟁력 향상을 위해 늘 분주하게 움직이고 있다. 국내 기업들의 가치를 발견하고

고객기업과 함께 김장나누기 봉사활동 참여 등 다양한 대고객 대면 행사를 지속하고 있다.

세계 무대에 드러내는 일이 본연의 역할이라 믿기 때문이다. 이를 위해 대한민국을 넘어 세계를 향하는 대표 정책금융기관으로서 끊임없이 주어지는 새로운 역할과 책임을 다하기 위해 도전과 혁신을 이어간다는 방침이다.

Interview

신뢰받는 금융 파트너로서
고객만족 활동을 꾸준히 이어가겠습니다

황정욱
여신총괄부장

Q 우선 부장님에 대한 간단한 소개 부탁드립니다.

현재 한국수출입은행 여신총괄부에서 고객만족, 업무 계획, 신상품 개발 및 여신제도 등의 업무를 총괄하고 있으며, 그동안 기업금융, 해외 PF, 해외 현지법인, 중소여신 등 다양한 업무를 경험했습니다.

Q 성공적인 고객만족경영을 위한 기관의 차별화 포인트는 무엇인가요?

한국수출입은행은 코로나19 팬데믹 기간 동안 디지털 채널을 대폭 강화했으며, 코로나 이후에도 이를 고도화하여 적극 활용하고 있습니다. 2022년 디지털 혁신의 일환으로 기업금융 전용 디지털 플랫폼을 구축하는 등 첨단 디지털 혁신 기술을 통해 고객기업의 편의 증진과 만족도 제고에 기여하고 있습니다. 또한 고객기업에게 신속하고 일관성 있는 금융 서비스를 제공하기 위해 업무 프로세스 개선과 업무 효율화에도 적극적인 노력을 기울이고 있습니다. 이러한 다양한 노력이 고객의 만족과 신뢰로 이어지지 않았나 싶습니다.

Q 부장님이 추구하는 CS경영의 중점 추진사항은 무엇인가요?

우리나라가 해외에서 이룬 성과의 이면과 세계시장을 누비는 우리 기업의 성장에는 한국수출입은행의 보이지 않는 힘과 금융 지원이 있었습니다. CS 경영은 '꾸준함이 곧 전략'이라고 생각합니다. 앞으로도 우리 기업들이 해외 사업을 추진하는 과정에서 항상 한국수출입은행을 떠올릴 만큼 신뢰받는 동반자로 자리매김할 수 있도록 고객과 소통을 강화하며 고객만족 활동을 지속해 나갈 계획입니다. 이를 통해 수출 7,000억 달러를 조기 달성하고 대한민국이 글로벌 중추국가로의 도약을 이끄는 견인차 역할을 하는 데 기여하고자 합니다.

Q 올해 고객만족경영 활동에서 새롭게 추진하거나 중점을 두고 있는 사항이 있다면 소개해주세요.

한국수출입은행은 글로벌 공급망 재편과 무역장벽 증대 등 대외 불확실성 속에서도 우리 수출기업들이 해외 시장을 무대로 흔들림 없이 방향을 잡고 활약할 수 있도록 매년 '고객만족 경영계획'을 수립하고 있습니다. 올해는 특히 ESG·상생금융 강화, 디지털 혁신 기술과 오프라인 활동 병행, 고객 의견 청취·반영 등을 통해 고객만족도를 높이는 데 주력하고 있습니다.

NIA 한국지능정보사회진흥원
NATIONAL INFORMATION SOCIETY AGENCY

AI 시대 선도하는
국가 정보화 싱크탱크

한국지능정보사회진흥원은
대한민국 국가기관의 정보화 추진과 관련된 정책을
개발하고, 정보문화 조성, 정보격차 해소 등을
지원하려는 목적으로 1987년 설립됐다.

국가 디지털 대전환을 견인하는
AI 전문 기관

한국지능정보사회진흥원(이하 NIA)은 대한민국 국가기관의 정보화 추진과 관련된 정책을 개발하고, 정보문화 조성, 정보격차 해소 등을 지원하려는 목적으로 1987년 설립됐다. 한국전산원으로 출범한 NIA는 지난 37년간 시대의 요구에 발맞춰 한국정보문화진흥원, 한국정보사회진흥원, 한국정보화진흥원 등의 명칭으로 국가 정보통신기술(ICT) 발전에 일조해왔다. 2020년 기관 설립의 근거가 되는 국가정보화기본법이 지능정보화기본법으로 전면 개정됨에 따라 2021년 창립 34주년을 맞아 새로운 출발을 알리며 현재의 한국지능정보사회진흥원으로 재출범했다. 이와 함께 '국가 디지털 대전환 선도 기관, NIA'라는 새 비전을 선포하며 모든 데이터가 연결된 디지털플랫폼정부 구현을 위해 앞장서고 있다.

NIA는 정부가 디지털 기술을 잘 활용할 수 있도록 정책을 수립하는 싱크탱크로서 주로 정부와 공공기관을 지원하는 역할을 충실히 수행했다. 지능정보사회 구현과 관련된 정책 개발, 공공·민간 데이터 기반 행정·경제 활성화 촉진 등의 업무에 초점이 맞춰진다. 다시 말해 대부분의 사업이 정부 간 거래(G2G) 중심으로 이뤄진다.

그런 이유로 NIA의 역할은 일반 국민에게 잘 알려져 있지 않지만, 초고속 인터넷 시대를 열고 IT 강국을 만드는 데 일조했다. '정부24'와 같은 전자정부 사업으로 행정 편의성을 크게 높인 것도 NIA의 주요 업적 가운데 하나다. NIA가 주도하는 공공 데이터 개방도 데이터 경제 활성화에 기여하는 측면이 크다.

최근에는 인공지능(AI) 시대에 맞춰 새로운 도약을 준비하고 있다. 지금까지 데이터 전문기관으로서 국가 데이터 전략 수립 및 데이터 기반 행정 체계 선도에 중점을 뒀다면, 앞으로는 AI 활용을 촉진하고 AI을 위한 국가 인프라를 구축하는 데 기관 역량을 집중해 국내 최고의 AI 전문 기관으로 거듭나려 한다.

공공 마이데이터 구축 등
디지털플랫폼정부 구현 앞장

NIA는 정부 부처를 비롯한 공공기관들이 최신 디지털 기술을 잘 활용할 수 있도록 돕거나 디지털 기술력을 활용한 정책을 수립할 수 있도록 지원하는 업무를 주로 수행한다. 그러다 보니 일반 국민을 대상으로 하는 대국민 서비스는 흔치 않다.

  NIA의 사업 분야는 크게 데이터, 인프라, 지능화, 디지털 포용 부문으로 나뉜다. 데이터 분야는 정부 부처와 지자체, 공공기관 등의 모든 공공데이터를 전 국민이 사용할 수 있도록 인프라를 구축하고 사회·경제적 가치를 창출하는 데 중점을 둔다. 인프라 분야는 5G를 비롯한 차세대 통신 인프라를 구축하거나 클라우드를 활성화하는 업무를 주로 수행하며, 지능화 분야는 AI에 관한 정책을 수립하거나 AI 서비스 개발·확산에 초점을 맞춘다. 디지털 포용 분야는 기존의 '디지털 격차 해소'의 개념보다 더 큰 범주에서 국민 누구나 디지털 기술 혜택을 누릴 수 있는 정책 및 제도 마련에 주력한다.

  NIA는 '디지털플랫폼정부 조기 구현'을 중장기 경영 목표로 삼고 디지털 플랫폼 실행 계획 수립, 데이터 통합혁신센터 출범, 디지털권리장전 발표, 디지털플랫폼정부 해외진출센터 설립 등 여러 과제를 수행하고 있다. 현 정부가 정권 초기부터 강조해 온

NIA는 지난해 12월 서울사무소에서 '데이터 기반 사회현안 해결방안 세미나'를 개최하고 국가·사회 현안 과제 발굴에 나섰다.

디지털플랫폼정부의 경우 정책 수립 초기 단계부터 참여했다. 2022년 대통령직인수위원회에 디지털플랫폼정부의 개념, 사상 및 원칙, 10대 중점 과제를 선제적으로 제안해 추진 방향을 정하는 데 기여했으며, 지난해 디지털플랫폼정부 구현을 위한 청사진인 '디지털플랫폼정부 실현 계획' 수립의 초석을 다지는 데도 NIA의 역할이 컸다. 겉으로 드러나진 않지만 디지털플랫폼정부 구현을 위한 핵심 사업은 대부분 NIA가 뒷받침하고 있다고 해도 과언이 아니다.

　NIA는 디지털플랫폼정부 구현을 위한 정책 수립 및 거버넌스 지원 외에도 핵심 과제를 도맡고 있다. 디지털플랫폼정부를 통해 국민·기업·정부가 실질적으로 변화를 체감할 수 있는 서비스와 인프라 개발을 목표로 실현계획에 포함된 공공 마이데이터, 혜택

알리미, 디지털지갑, 공공 클라우드 전환, 디지털플랫폼정부(DPG) 허브 구축 등의 주요 사업을 추진한다.

지난해까지 188종의 본인 행정 정보를 '공공 마이데이터'로 구축해 109종의 서비스를 기관에 방문하지 않고도 활용할 수 있도록 행정 절차를 간소화했으며, 기존의 국민비서 서비스를 고도화해 개인의 신상 변동을 데이터를 통해 먼저 확인하고 따로 신청하지 않아도 맞춤 안내하는 '혜택 알리미'를 현재 구축 중이다.

또한 기차표 예매 같은 공공 서비스를 국민이 친숙한 포털 등에서도 이용할 수 있게 하는 '디지털 서비스 개방' 과제도 추진했다. 기존에는 KTX나 SRT의 승차권을 예매하거나 자연휴양림 이용 예약을 하려면 해당 기관에서 운영하는 앱이나 홈페이지를 이용해야만 했다. 하지만 지금은 네이버나 카카오, 토스 등의 민간 앱이나 웹사이트를 이용해 승차권 예매나 자연휴양림 예약 등이 가능하다. 이는 정부가 제공하는 공공서비스에 기업서비스를 접목해 새로운 융합 서비스를 창출할 수 있도록 디지털플랫폼정부에서 핵심 과제로 추진했기에 가능해진 일이다.

이처럼 NIA는 디지털플랫폼정부위원회와 협력해 핵심 사업의 성과 관리 체계를 마련하고, 사업 간의 연계를 강화해 시너지를 내고 있다. 향후 디지털플랫폼정부의 조기 구현을 위한 핵심 과제 성과 관리는 물론, 디지털플랫폼정부위원회와 함께 거버넌스 밀착 지원을 지속할 계획이다. 이를 통해 전자 정부에서 디지털 정부, 디지털플랫폼정부로 나아가는 패러다임 전환이 조기에 구현될 수 있도록 역량을 집중한다는 방침이다.

디지털 기본권 보장하는 '디지털 권리장전'

디지털 심화 시대에 발맞춰 국민의 디지털 기본권을 보장하기 위해 제정된 '디지털 권리장전'은 NIA의 역량이 결집된 결과물이다. 지난해 9월 과학기술정보통신부(이하 과기정통부)는 디지털 시대에 맞는 보편적 디지털 질서 규범을 담은 '디지털 공동번영사회의 가치와 원칙에 관한 헌장', 이른바 '디지털 권리장전'을 발표했다.

디지털 권리장전은 디지털 심화 시대에 맞는 국가적 차원의 기준과 원칙을 제시하고, 세계를 선도할 수 있는 보편적 디지털 질서 규범의 기본 방향을 담은 헌장으로, 그 배경과 목적을 담은 전문과 함께 총 6장, 28개 조가 담긴 본문으로 구성됐다. 각 조문은 ▲자유와 권리 보장 ▲공정한 접근과 기회의 균등 ▲안전과 신뢰의 확보 ▲디지털 혁신의 촉진 ▲인류 후생의 증진이라는 5대 기본 원칙을 구체화하고 있다.

NIA는 디지털 권리장전 수립 초기 단계부터 참여했다. 권리장전에 포함될 내용을 검토하기 위해 디지털 미래에 대한 진단과 함께 글로벌 동향과 디지털 심화 이슈를 분석하는 한편, 각계의 의견을 모으는 공론화 과정을 거쳤다. 정보통신정책연구원, 정보통신기획평가원, 한국법제연구원 등 유관기관과 함께 디지털 권리장전 수립을 위한 연구반을 운영하고, 각계 전문가와 이해관계자, 시민사회의 참여를 이끌며 다양한 의견을 수렴했다. 또한 청년 세대 등을 대상으로 한 수차례의 현장 간담회와 노인, 장애인, 소비자단체, 스타트업 등 다양한 이해관계자가 참여하는 '디지털 신질서 협의체' 운영, 다양한 전문가 자문 및 정책 연구 등을 통해 디지털 권리장전의 내용과 구조에 대한 각계의 의견을 청취했다.

디지털 심화 쟁점에 대한 사회적 논의 및 공감대 형성을 위한 소통 플랫폼인 '디지털 공론장'도 구축해 운영 중이다. 디지털 공론장은 모든 국민이 참여할 수 있는 '열린 공론장'이면서, 디지털 심화 이슈와 쟁점 등의 정보를 제공하는 '똑똑한 공론장'이자, 공론화 결과가 정책과 제도 개선에 반영되도록 하는 '실천하는 공론장'으로서 활발히 운영되고 있다.

디지털 권리장전은 법적 구속력은 없지만 향후 디지털 시대 권리 보호를 위한 입법 방향을 제시하는 가이드라인으로서 기능할 전망이다. 실제로 디지털 권리장전이 담고 있는 내용을 토대로 실현 가능한 정책과 사업을 만들어내기 위한 후속 조치도 이뤄지고 있다. 그 일환으로, 과기정통부는 지난 5월 국무회의에서 20대 정책 과제가 담긴 '새로운 디지털 질서 정립 추진계획'을 보고했다. 디지털 권리장전을 보다 구체적 정책으로 실현하기 위한 범부처 계획을 도출한 것이다. 그중 국민적 관심, 파급성이 높은 8대 핵심 과제는 사회적 공론화, 심층 정책 연구 등을 통해 집중 관리한다는 방침이다.

NIA는 추진 계획을 수립하는 과정에서 과기정통부와 함께 정부기관들이 디지털 권리장전에 있는 가치와 원칙을 반영해 사업화하고 있는지 점검하고 핵심 정책 과제를 선정하는 데 주요한 역할을 했다. 앞으로 디지털 심화 시대에 대한 국민들의 수용성을 높이고 국민의 의견을 정책에 반영할 수 있도록 절차를 밟아나갈 계획이다.

디지털 소외계층 없는
디지털 포용 문화 확산 기여

디지털 포용 문화 확산에도 적극 나서고 있다. NIA는 전 국민의 디지털 역량 향상을 목표로 디지털 배움터 사업을 펼치고 있다. 전국의 도서관, 주민센터 등을 대상으로 스마트폰 앱 활용 교육, 키오스크 교육을 할 수 있는 공간을 마련해 디지털 배움터로 운영할 수 있도록 지원하는 사업이다.

일상에서 키오스크 도입이 확대되고 있지만 기기 사용이 미숙해 어려움을 겪는 디지털 소외계층에 대해서도 지원사업을 펼치

NIA는 지난 3월 미국 워싱턴 D.C 세계은행 본부에서 열린 '월드 뱅크 글로벌 디지털 서밋'에 참석해 세계은행 및 회원국들과 글로벌 디지털 격차 해소를 위한 협력방안을 모색했다.

고 있다. NIA는 지난해 장애인·고령자 등 누구나 쉽게 사용할 수 있는 키오스크 제작을 위해 정보 접근성을 높인 이용자환경(UI) 플랫폼 개발·구축에 나섰다. 이를 통해 키오스크 정보접근성 준수가 가능한 '키오스크 플랫폼 UI'와 개발 도구 등을 만들어 공공·민간 등에서 활용할 수 있도록 지원할 계획이다.

청각·언어장애인을 위한 손말이음센터도 운영한다. NIA는 손말이음센터를 통해 청각·언어장애인의 원활한 일상생활 의사소통에 도움이 되도록 영상, 문자 등으로 실시간 통신 중계 서비스를 지원하고 있다.

지난해부터 본격적으로 운영되고 있는 '비대면 라이프케어 플랫폼' 사업도 큰 호응을 얻고 있다. 저소득층 아동을 대상으로 급식 지원 바우처를 제공해 결식아동들이 배달 앱을 통해 식사를 주문할 수 있도록 하는 사업이다. 그동안 아동급식카드는 대면 결제만 가능해 급식카드를 편하게 사용하지 못하는 경우가 많았다. 그래서 편의점만 이용하거나 사용처가 제한되는 등의 문제점들이 지속적으로 제기됐다. 이에 NIA는 취약계층을 위한 디지털 포용 정책의 일환으로 온라인 배달 앱을 연계해 비대면으로 바우처 사용이 가능한 플랫폼을 구축했다.

AI 선도 기관으로 도약 위해 역량 총동원

지금까지 디지털플랫폼정부 구현에 역량을 집중했다면 앞으로는 본격적인 AI 시대의 도래에 대비해 AI 전문 기관으로서 발돋움한다는 전략이다. 지난 40년 가까이 국가 정보화부터 디지털 전환까지 국가의 싱크탱크 역할을 해온 NIA의 전문성과 노하우를 바탕으로 대한민국이 AI 시대에도 강국이 될 수 있도록 AI 선도 기관으로 변모하겠다는 구상이다. 이를 위해 지난해 디지털플랫폼정부 구현을 위한 필수 요소로 AI를 전략 목표에 추가해 중장기 경영 목표를 새롭게 보완했다. 이와 관련해 지난해 9월에는 정부 부처 합동으로 발표한 9,090억 원 규모의 'AI 일상화 실행 계획'의 수립 과정에 AI 국가정책 수립 총괄 지원 기관으로 참여해 전 과정을 주도하기도 했다.

올해 초에는 정기 인사를 통해 조직을 재정비했다. AI 국가 전략 및 정책 개발을 주도하는 'AI정책본부', AI 확산 촉진을 위한 융합 서비스를 기획 및 발굴하는 'AI융합본부', AI 전문 기술 확보를 위한 '지능기술인프라본부'를 신설하고, 각각 명확한 역할 분장을 위해 직제 규정에 반영하는 등 제도적 기반을 마련한 것이다.

이에 따라 AI정책본부는 국가 인공지능 전략을 효과적으로 개발하고 지원하는 싱크탱크 역할을 맡게 되며, AI융합본부는 AI 활용과 보급을 촉진하기 위해 AI 융합 서비스 모델 개발과 서비스 기획 등의 활동에 나선다. 이와 관련해 민간 기업과 협력해 초거대 AI를 공공부문 등에서 활용할 수 있도록 돕는 '초거대 AI 기반 서비스 개발 지원사업'과 디지털 트윈 기반의 국민 체감형 융복합 서비스를 구현하는 '디지털 트윈 시범구역 조성 사업'을 추진할 예정이다.

지능기술인프라본부는 국가 AI 인프라 구축

NIA는 지난해 8월 한국어 음성인식 성능 향상과 우수한 미래 개발자 발굴을 위해 '2023 한국어 AI 경진대회'를 개최했다.

과 새로운 기술 표준 수립을 목표로 국방, 교육 등 중요한 분야에 AI 기술을 조기에 도입할 수 있도록 집중 지원할 계획이다. 특히 교육 분야에서는 'AI 맞춤형 교수학습 플랫폼'을 구축해 학생들에게 개인화된 학습 경험을 제공할 예정이다. 학생의 개별적인 학습 스타일과 성향을 분석해 맞춤형 교육 콘텐츠를 제공함으로써 교육의 질을 높이는 데 기여한다는 방침이다. 국방 분야에서는 실시간 전장 상황을 분석하고 정확한 전략 결정을 가능하게 하는 '전장 지능형 플랫폼'을 구축할 계획이다. 이러한 첨단 AI 플랫폼 구축을 통해 AI 기술의 발전과 사회적 적용을 가속화할 수 있을 것으로 기대하고 있다.

디지털 기반 ESG 경영 실천 확대

ESG 경영 측면에서도 실천 의지를 다지고 있다. NIA는 2021년부터 디지털 기반의 ESG 경영을 추진했다. 클라우드 전환을 통해 탄소배출 저감에 앞장서고 있으며, 공공 마이데이터 확산을 통한 종이 문서 사용 감축 등에서 가시적인 성과를 창출했다. 이러한 노력으로 지난해 8월 한국정책학회가 주관하는 '한국 ESG 혁신정책 대상'에서 환경(E) 부문을 수상하며 ESG 경영 성과를 대외적으로 인정받은 바 있다.

지난해 12월에는 'NIA ESG운영위원회'를 발족하고 착수회의를 개최했다. 그리고 NIA 비상임이사 중심의 이사회 산하 ESG운영위원회로 확대·개편해 ESG경영의 지속 확대를 위한 체계를 마련했다.

ESG 경영의 일환으로 코트디부아르의 디지털 전환을 위해 코트디부아르 아비장에서 정보접근센터(IAC)를 개소하기도 했다. 정보접근센터는 디지털 교육장, 디지털 라운지, IoT 연구실, 영상회의실 등을 갖췄으며, 향후 스마트팜 구축·운영에 필요한 IoT 전문가 등의 인력 양성에 사용된다.

지난 6월에는 지역아동센터와 비영리단체 종사자의 원활한 업무 추진을 지원함으로써 지역사회에 ESG 경영을 확산한다는 취지로 '대구·제주 지역아동센터 및 비영리단체 재제조 노트북 지원 사업'을 펼쳤다. 재제조 노트북은 불용자산 부품의 재조립, 크리닝을 거쳐 신품의 품질을 보장하는 제품으로, NIA는 매년 민관 협업을 통해 기관의 불용자산을 업사이클링해 사회공헌 재원을 조성하고 있다. 2021년 사회적 기업 리맨, 한국IT복지진흥원과 'ESG 경영 강화를 위한 디지털 업사이클링 업무협약'을 체결한 데 이어 데스크톱과 노트북 등 기관의 불용자산 총 1,400여 대를 지속적으로 기증해 약 3,500만 원 상당의 기부금 재원을 조성했다. NIA는 이를 활용해 대구·제주 지역아동센터 및 비영리단체 총 18개소를 대상으로 업무용 재제조 노트북을 보급했다.

이외에도 NIA는 협력사·사회적 기업·협동조합 등 다양한 민간 협력 주체와 함께 디지털 취약 아동을 대상으로 메타버스 기반의 AI 리터러시 교육을 실시하거나, 소상공인·도서 산간 지역 주민을 위해 디지털 전환 교육을 펼치는 등 지역사회의 디지털 역량 강화를 위해 힘쓰고 있다.

NIA는 'NIA ESG운영위원회'를 발족하고 ESG경영의 지속 확대를 위한 체계를 마련했다.

NIA는 지난 6월 대구 지역아동센터 및 비영리단체 관계자를 대상으로 재제조 노트북 전달식을 가졌다.

고객군 세분화해
소통 노력 강화

NIA는 올해 '고객 중심적 서비스를 제공하고 고객이 원하는 가치를 함께 만들어가기 위한 ICT 전문 기관'을 고객만족경영 목표로 삼고 맞춤형 소통을 강화하고 있다. 지난해 신설한 '국민정책기자단'을 통해 NIA의 주요 사업과 행사를 다양한 콘텐츠로 소개하며 소통의 가교 역할을 하고 있다.

 더욱 정교한 소통 전략을 수립하기 위해 고객군을 정부 부처 담당자, 언론사, 기업, 국민 등으로 세분화하기도 했다. 각각의 이해관계자에 따라 세부 소통 전략을 수립해 대응에 나서고 있다. 이와 함께 민간 기업과의 수시 상담, 간담회 등 다양한 소통 채널을 통해 의견을 수렴하고 고객의 소리(VOC)를 반영함으로써 고객서비스를 개선하고 경영·사업 아이디어를 발굴하는 데 지속적으로 노력할 계획이다.

 NIA는 앞으로도 모든 데이터가 연결되는 세계 최고의 디지털 플랫폼정부 구축과 지능정보사회 구현을 선도해 나갈 것이다. 그런 가운데 AI의 등장과 더불어 급변하는 디지털 세상에서 누구도 소외되지 않고 모두가 디지털 기본권을 보장받는 사회를 만들어 가는 것이 NIA의 목표다.

Interview

맞춤형 서비스와 내부 역량 강화로
고객 만족을 극대화하겠습니다

조성배
ESG혁신팀장

Q 우선 팀장님에 대한 간단한 소개 부탁드립니다.

NIA에서 ESG혁신팀장으로서 경영평가와 ESG, 홍보 업무 총괄을 담당하고 있습니다. 2012년 전자정부지원사업을 성공적으로 추진했으며, '전자정부 2020 기본계획', '행정·공공기관 웹사이트 관리 개선 방안' 등 전자정부지원사업 추진의 기반이 되는 정책 수립에 기여한 바 있습니다. 또한 기획재정부 정보화 예산 심의 지원, 공공데이터 및 빅데이터 플랫폼 활용 확산 업무를 수행하기도 했습니다.

Q 최근 CS경영 측면에서 중점적으로 추진하는 사항이 있다면 소개해주세요.

지역주민들을 위해 우리 기관이 할 수 있는 일이 무엇일까 많이 고민합니다. 그래서 살펴보니 지역주민들이 불편해하는 것 중 하나가 주변에 체육시설이 부족하다는 점이었습니다. 이에 테니스장, 족구장, 농구장, 풋살장 등 본사 체육시설을 주민들에게 개방하고 있습니다. 지역 시설관리공단

홈페이지에서 원하는 시간대에 예약할 수 있도록 시스템도 구축했습니다. 지난해에는 대구 동구 주민 1,000명 정도가 저희 시설을 이용했습니다. 또한 지역 내 아동복지시설 등을 대상으로 AI 교육을 시행하고 있기도 합니다. 앞으로 지역사회를 위한 사회공헌 활동도 적극 추진할 계획입니다.

Q 성공적인 고객만족경영을 위한 기관의 차별화 포인트는 무엇인가요?

NIA는 디지털플랫폼정부 구현의 핵심 업무를 담당하고 있고, 특히 최신 디지털 기술을 다루다 보니 직원들의 업무 역량 강화를 중요하게 생각합니다. 직원들의 IT 역량 향상은 당연한 일이고, 분야별 전문가 육성에도 노력을 기울이고 있습니다. 여러 정부 부처를 대상으로 G2G 사업을 수행하는 만큼 다양한 분야에 대해 이해도가 높아야 한다고 보기 때문입니다. 또한 지난해에는 고객군을 정부 부처 담당자, 언론사, 기업, 국민 등으로 세분화해서 각각의 이해관계자에 따라 소통 전략을 수립했습니다. 이러한 노력이 고객의 만족도를 높일 수 있었던 요인이 아닐까 싶습니다.

한국지역난방공사

청정미래 환경 앞당기는
친환경 에너지 공기업

한국지역난방공사는 1985년 설립 이후
에너지 절약과 집단에너지 보급에
앞장선 국내 최대 집단에너지 전문기업이다

지역난방 사업 중심으로 에너지 공급의
중추 역할 담당

한국지역난방공사는 1985년 설립 이후 에너지 절약과 집단에너지 보급에 앞장선 집단에너지 전문기업이다. 한국지역난방주식회사로 출발했다가 집단에너지사업법 제29조에 근거해 1992년 5월 공공법인인 한국지역난방공사(이하 한난)로 전환했다. 1987년 11월 여의도·동부이촌동·반포지구 등 수도권을 중심으로 열공급을 개시한 이래 지역냉·난방사업, 전력사업, 신재생에너지사업, 해외 사업 등으로 사업 영역을 확대해 왔다. 대구, 양산, 수원, 청주, 김해 등 열공급 범위를 전국 단위로 넓혀 현재 전국 19개 지사에서 총 2,000km 열수송관망을 통해 약 185만 호에 지역난방을 공급하고 있으며, 대한민국의 에너지 환경산업 발전에 중추적 역할을 담당하고 있다. 에너지 공급에는 전력과 열을 동시에 발생시키는 열병합발전 방식을 이용한다. 열병합발전은 연료를 연소해 터빈을 돌려 전기를 생산하고, 이 과정에서 나오는 증기로 난방용 온수를 생산함으로써 에너지 효율을 높이는 방식이다. 대규모 열병합발전 시설에서 경제적으로 생산된 열을 대단위 지역에 일괄적으로 열을 공급하기 때문에 중앙난방이나 개별난방보다 에너지 효율이 높고 난방비를 낮출 수 있다는 이점이 있다. 다른 난방 방식과 비교하면 보일러 등 개별 열생산시설을 설치할 필요가 없어 안전하며, 대기오염물질 및 온실가스 저감 효과가 탁월하다는 점에서 안전하고 깨끗한 에너지원으로 각광받고 있다.

에너지 파트너로서
고객 요구 파악에 충실

한난은 탄소중립 시대를 맞아 변화하는 경영환경 속에서 새로운 도약의 시기를 맞고 있다. 변화에 기민하게 대응하기 위해 지난해 경영전략을 새롭게 정비했다. 전사적인 경영혁신과 운영 효율화를 위해 사업 경쟁력을 강화하고 재무 건전성을 확보하기 위한 취지였다. '다시 도약하는 한난, 따뜻하고 깨끗한 에너지 파트너'

라는 비전을 내걸고 효율적인 고유의 업 수행을 통해 산업 내 상생 파트너로 거듭나겠다는 의지를 내보였다. 이를 바탕으로 지역 냉·난방사업, 전력사업 등 핵심 사업은 안전을 최우선 가치로 삼아 지속적인 성과를 실현하는 동시에 R&D 역량 강화를 통한 신기술 개발에 총력을 기울이며 사업 고도화를 추진하고 있다. 뚜렷한 경영목표도 수립했다. 재무 안정화와 리스크 관리로 부채 비율을 150% 수준으로 관리하고, 핵심 사업의 내실화와 신사업 영역 창출로 세대수 230만 호 공급을 목표로 삼았다. 또한 상생·소통 기반의 서비스 강화와 청정미래 환경 조성, 공정·투명 가치 확산 등의 노력을 통해 ESG 경영평가와 조직혁신지수 모두 S등급을 획득하겠다는 각오다.

이와 함께 '깨끗하고 효율적인 집단에너지 사업을 통해 국가발전과 국민행복에 기여한다'는 공사 미션에 발맞춰 국민의 행복한 에너지 생활을 위해 지속적으로 고객서비스를 개선해 가며 고객중심경영을 실천하고 있다. 지난해에는 공사 핵심 미션에 따라 한난의 변화를 고객이 직접 체감할 수 있도록 현장 중심 고객만족경영 실행을 위한 3대 주요 전략·9대 전략 과제·23개 세부 추진 과제로 이루어진 CS 추진 체계를 수립했다. 공사 최초로 고객을 대상으로 포커스 그룹 인터뷰(FGI)를 시행하며 현장에서 고객의 소리를 직접 듣고 고객의 니즈를 심층 분석하는 등 현장 소통을 강화해 대면형·체감형의 현장 중심 맞춤형 서비스를 확대·시행하는 성과도 올렸다.

고객의 요구를 면밀히 파악하고 이를 충족시키기 위해 추진한 '지역난방 효율개선지원단'과 '통합 정밀 에너지진단 서비스'가 대표적인 사례로 꼽힌다. 최근 에너지 비용 급등으로 인해 난방요금 절감, 난방 설비 효율 향상에 대한 고객 니즈가 높아지는 상황이다. 이에 한난은 난방 사용량 절감과 난방 설비의 효율 향상 지원 차원에서 체감 가능한 서비스 제공에 나섰다.

지역난방 효율개선지원단은 영구임대아파트, 사회복지시설, 다소비 열사용 고객 등 에너지 효율 케어 분야에 취약한 고객을 대상으로 효율적인 지역난방 사용 지원을 위해 사계절 현장 컨설팅을 제공하는 서비스다. 사업본부장을 단장으로 고객서비스처와 19개 지사 직원들로 지원단이 구성된다. 지난해 19개 지사에서 지역난방 효율개선지원단을 운영하며 20만 6,851세대에 현장 컨설팅을 완료했다. 지원단은 현장에서 설비를 점검하고 관리자 기술 교육을 실시해 고객의 난방 및 급탕 불량과 관련한 애로사항을 해결함으로써 난방 품질을 개선했다.

통합 정밀 에너지진단 서비스는 노후한 공동주택의 난방 품질과 에너지 이용 효율 향상을 위해 공용설비 및 세대 설비에 대한 정밀 진단과 컨설팅을 제공한다. 특히 기계실 내에 전문 관리자의 채용이나 상주 근무가 어려운 소규모 건물이나 영구임대아파트 등을 대상으로 현장에 직접 방문해 난방 설비를 통합 정밀 진단

한난 직원들이 공동주택 기계실 내부 설비에 대해 에너지 진단서비스를 실시하고 있다.

하고 취약 사항을 보완할 수 있도록 교육한다.

공동주택 단지에서 서비스를 신청하면 열 사용량 등 5개 항목에 대한 평가 기준에 근거해 진단 대상을 선정하며 사전 방문을 통해 진단 방향을 설정하고 공용설비와 세대 설비 진단을 시행하게 된다. 이후 점검 결과에 따라 컨설팅을 실시하고 보완 사항 이행 점검 등 사후관리까지 책임진다.

공용설비 진단의 경우, 열교환기 등 고온부와 순환펌프와 같은 저온부, 난방배관 등 유량분배설비의 3개 분야로 나누어 정밀 진단 서비스를 시행한다. 세대의 난방수 유량측정, 온도조절설비 작동 점검 등 설비 진단을 통해 난방과 급탕의 품질 및 요금에 관한 세대 민원에도 대응하고 있다. 이를 통해 지난해 공동주택, 소규모 건물 등 총 63개소, 4만 7,297세대에 대해 진단서비스를 실시해 에너지 사용량 절감을 도왔다. 만족도 조사에서도 진단서비스를 받은 고객의 90%가 만족한다고 답했으며, 열사용 문제 해결에 도 큰 도움이 됐다는 반응이 주를 이뤘다.

통합고객관리 시스템으로
보다 신속해진 고객응대

신속한 고객응대가 가능하도록 '통합고객관리(CRM) 시스템' 도입도 추진했다. 기존 고객정보 관리 시스템은 고객정보의 통합 관리가 어려워 고객소통 창구로서 한계가 뚜렷했다. 보다 신속한 고객응대 서비스가 필요하다는 지적이 제기되자 한난은 CRM 시스템을 전면 도입했다.

CRM 시스템 도입으로 그동안 고객상담센터, VOC, 방문 등 여러 채널로 운영되던 고객 소통채널을 하나의 시스템으로 통합할 수 있게 됐다. 이에 따라 고객민원 응대, 온라인 신청 접수, 현장 모바일서비스 등 다양한 채널에서 접수된 다양한 고객 접점 서비스 내역이 접수부터 처리 단계까지 하나의 시스템에서 원스톱으로 처리가 가능해졌고, 민원 등 고객 접점서비스 대응을 더욱 체계적으로 관리할 수 있게 됐다.

민원 내용의 통합 관리가 가능해지면서 고객이 원하는 서비스를 신속하게 제공할 뿐 아니라 고객과 양방향 소통이 원활해져

서비스 응대에 대한 고객만족 정도도 즉시 점검할 수 있게 됐다. 데이터 통합 관리로 인해 유의미한 통계 데이터 산출이 가능해져 고객에게 더 나은 서비스를 지속적으로 발굴하고 제공이 가능해졌다.

또한 열량계 점검교체와 기계실 안전점검 등을 위해 직원이 현장 방문 업무를 수행할 때 각종 정보를 빠르게 조회할 수 있도록 현장 업무 프로세스를 디지털화한 것도 주요 변화 중 하나다. 이러한 현장 모바일 서비스 덕분에 신속한 업무 처리가 가능해졌고 이에 따라 고객만족도도 높아졌다.

한발 앞선 서비스로
사후지원 강화

30년 이상 지역난방을 장기 사용한 공동주택과 건물이 점진적으로 늘어나면서 난방 설비 관리에 어려움을 겪는 사례도 늘고 있다. 이런 곳일수록 기계실 난방 설비의 노후화와 더불어 빈번한 기계실 관리자의 이직·교체에 따른 설비 작동 경험 부족 등으로 관리상의 문제가 지속되는 경우가 많다. 이를 방치하면 설비 이상을 초래할 수 있고, 설비 이상은 기계실 설비의 지속적인 난방효율 저하, 설비 고장 발생으로 이어지는 만큼 난방 중단 사고를 예

정용기 한국지역난방공사 사장과 직원들이 공공임대주택 난방시설을 점검하고 있다.

방하고 고객이 안정적으로 지역난방을 사용할 수 있도록 서비스 지원이 필요하다는 내부 공감대가 형성됐다.

이에 한난은 고객의 기계실까지 열을 전달하고 다시 공사로 되돌아온 지역난방수의 회수온도를 분석해 고객의 설비 이상을 먼저 발견하고, 고객이 요청하기 전에 미리 솔루션을 제공하는 서비스에 착수했다.

우선 '회수온도 이상' 고객 도출을 위해 고객별 판매 데이터와 운영 패턴 등을 분석하고 설계회수온도보다 높은 고객을 발굴하는 '회수온도 이상 사용자 분석 프로그램'을 개발했다. 이 프로그램을 활용해 이상 사용량 고객을 조기에 발견하고 고객의 설비현장에 직접 방문해 집중 전문 관리, 기술 컨설팅, 기술 지도서비스를 제공하고 있다.

지난해에는 이상 회수온도 및 사용량 분석으로 도출된 약 600여 고객의 기계실 현장을 조기에 방문해 오조작 밸브 정상화, 자동제어 설정온도 재설정 등 간단한 현장 조치부터 경제 운전 방법, PDCV·TCV 유지보수 등 기계실 설비 유지보수 관련 기술 지도를 시행함으로써 고객 기계실 내 열 손실 방지, 기계실 안전성 향상에 기여할 수 있었다.

VOC 접점 확대로
한발 더 가까이

대국민 서비스를 강화하기 위해 지역난방 이용자에게 한발 더 다가가는 소통에도 힘쓰고 있다. 고객과의 관계를 활성화하기 위해 온·오프라인에서 고객의 소리를 청취하고 정책에 적극 반영하고 있으며, 직접 찾아가는 서비스를 통해 고객만족도를 높이고 있다.

IT 기반의 VOC 운영 시스템과 고객상담센터와 함께 고객 참여로 이뤄지는 '고객마당' 누리집 운영을 통해 통합적인 고객만족경영을 실천하기도 한다. VOC를 수집·분석해 곧바로 처리하는 동시에 서비스를 점검하고 개선해 나가는 체계적인 프로세스를 운영 중이며, 현장의 목소리에 귀를 기울이기 위해 조직된 CS추진

위원회와 CS경영위원회도 주기적으로 운영되고 있다. VOC 응대 수준과 실적에 대해서는 내부 경영평가와 연계함으로써 VOC 대응 노력이 전사적으로 확산될 수 있도록 하고 있으며, 발굴형 VOC 채널을 강화하고 수집 채널을 다양화하려는 노력도 지속하고 있다.

최근 공공기관 고객만족도 조사를 통한 VOC 분석 결과에서는 실무적인 기술 교육 실시, 점검·방문 횟수 확대 등 대면·현장 방문서비스 요청이 가장 많았던 것으로 나타났다. 이에 따라 코로나19 팬데믹 기간에 불가피하게 비대면서비스로 전환했던 여러 대면서비스를 원래대로 되돌렸을 뿐 아니라 한발 더 나아가 현장 중심 맞춤형 서비스를 확대·시행하기 위해 노력하고 있다.

현장에서 진행하는 고객만족도 조사도 한층 업그레이드했다. 한난은 현장 방문서비스를 실시하는 경우 사용자에게 만족도 조사 QR 안내문을 제공하고 현장서비스에 대한 만족도를 조사함으로써 긍정적 고객경험을 유도하고 신속한 피드백을 받기 위해 노력해 왔다. 지난해 10월부터 12월까지 약 1,101명을 대상으로 실시한 만족도 조사에서는 종합만족도 95점을 기록하며 서비스 자체는 대체로 만족한 것으로 나타났으나 전·후 단계에서 보완이 필요하다는 피드백을 받았다. 이에 올해부터는 서비스 전 주기에 걸쳐 고객경험을 기록해 의견을 수렴한 뒤 개선사항을 고객에게 피드백하고 추가로 의견을 수렴하는 애프터케어를 시행할 예정이며, 현장 대면서비스 대상도 2배 이상 늘리고 양방향 소통이 가능한 형태로 조사 방식을 개선 중에 있다.

이와 함께 기존에 운영하던 CS경영위원회와 별개로 현장감 있는 고객 VOC 위주의 개선사항을 발굴하고 CS활동, 만족도 전반에 대한 개선점을 도출하기 위해 CS개선단을 신설하는 등 VOC 운영 시스템에 대한 개선 노력을 지속하고 있다.

지역난방 고객에게 친숙하게 다가가기 위한 콘텐츠 서비스에도 적극적이다. 한난은 팬데믹 기간 비대면 고객상담의 일환으로 유튜브 채널 '슬기로운 난방생활'을 개설해 운영해 왔다. 고객설비 분야 직원들이 현장 방문과 대면서비스가 어려웠던 시기에 고객이 스스로 손쉽게 난방 설비를 점검할 수 있도록 도움이 되고자 시작한 서비스였다. '슬기로운 난방생활'은 현재 누적 조회 수 58만 뷰를 달성하며 난방 설비 고장 시 조치법, 난방요금 절약법, 난방 불량 해소법 등 고객이 필요로 하는 다양한 콘텐츠 제공과 더불어 고객 소통을 위한 창구로 활발히 운영되고 있다.

올해부터는 유튜브 실시간 라이브 방송과 고객수요 대

한난 직원들이 공동주택 현장을 찾아가 기계실 관리자를 위해 실무 교육을 진행하고 있다.

응형 콘텐츠 제작을 시도하며 고객과의 양방향 소통을 더욱 강화하고 있다. 유튜브 외에도 웹툰, VR기반 콘텐츠, 블로그, 인스타그램 등 다양한 소통채널과 콘텐츠를 활용해 고객과의 접점을 더욱 늘려나간다는 방침이다.

취약계층의 따뜻한 겨울을 위한 요금 지원 제도

취약계층의 따뜻한 겨울나기를 위한 활동에도 열을 올리고 있다. LNG 요금 급등과 기록적인 한파로 인해 각 세대의 난방요금 부담이 크게 늘었다는 점을 감안해 취약계층에 대한 난방요금을 지원해 큰 호응을 얻고 있다.

한난은 동절기 에너지 요금의 급격한 상승으로 어려움을 겪는 취약계층의 생활 안정을 위해 지역난방 특별요금 감면 제도를 실시했다. 공기업으로서 책임과 의무를 다하자는 의미에서 창립 이래 최초로 실시한 제도였다. 이를 통해 취약계

정용기 사장과 임직원이 현장간담회를 갖고 동절기 난방요금 지원 제도 개선을 위한 의견을 듣고 있다.

층 고객 3만 3,000명에게 2022년 12월부터 지난해 3월까지 4개월간 사용한 난방요금에 대해 약 58억 원을 지원했다.

올해는 취약계층 동절기 난방요금 지원 제도 개선을 위한 현장 간담회를 열고 CEO가 직접 현장을 방문해 고객과 소통하는 시간을 가졌다. 간담회 이후 고객의 의견을 적극 반영해 복지사각지대를 최소화하고 고객민원을 최소화하는 등 고객이 요청하는 방향으로 지원 제도를 전면 개편했다. 지난해에는 고객의 신청을 받아 지원하는 방식이었으나 올해부터는 영구임대아파트에 거주하는 취약계층의 경우 별도의 신청 절차 없이 동절기 기본 사용량만큼 난방요금이 자동 감면되는 '사용요금 자동감면제도'를 신설해 더 많은 취약계층이 따뜻한 겨울을 날 수 있도록 지원을 강화했다.

체감 가능한 긍정적 고객경험 확장에 역량 집중

한난은 올해 현장중심 서비스에서 한 걸음 더 나아가 혁신적인 서비스 제고 노력으로 대고객 서비스 가치를 크게 향상시킨다는 계획이다. 특히 고객만족경영 계획에 '고객 설비의 효율 향상과 안전점검 관리를 토탈 케어하는 서비스 제공으로 고객감동 실현'이라는 새로운 CS 가치를 더함으로써 고객의 체감가치를 높이고 긍정적인 고객경험을 제공한다는 방침이다.

고객의 체감가치를 높이기 위해 현장에서 고객과 직접 소통하며 고객이 원하는 서비스를 제공하는 '안전수준관리제', 'CS 토탈 케어 드림팀' 등의 사업을 추진한다. 안전수준관리제는 고객 설비의 안전관리 강화를 위해 설비 안전성과 운영환경을 종합적으로 점검하고 개선책을 제시해 설비 개선을 유도하는 제도로, 전 프로세스의 디지털화를 통해 고객편의 증진을 도모한다.

CS 토탈 케어 드림팀은 지사별로 구성된 드림팀이 축적된 고객 데이터를 기반으로 고객에게 필요한 서비스를 예측하고 직접 현장에 방문해 고객 만족·고객설비 안전·고객설비 효율 향상의 통합서비스를 제공하는 고객 맞춤형 제도다. 고객요구에 따라 '토탈 케어'와 '핀셋 케어'의 투트랙 방식으로 운영되며, 토탈 케어의 경우 고객의 요구 특성에 따라 고객만족 분야, 설비 안전 분야, 설비 효율 분야가 통합된 토탈 서비스를, 핀셋 케어는 고객의 특정 이슈에 즉각 접근하는 문제 해결형 서비스를 지향한다.

긍정적인 고객경험을 강화하기 위해 공공 마이데이터 도입, 고객서비스 전 주기 경험 관리, AI 상담 챗봇 개발 등도 추진한다. AI가 필수인 시대 흐름에 맞게 최신 대화형 상담 AI 챗봇, 모바일 앱 등의 시스템을 개발하고 있으며, 향후 디지털 전환에 더욱 속도를 낼 예정이다.

이러한 노력을 바탕으로 고객의 신뢰를 더욱 공고히 하고, 그러

한난은 공동주택의 기계실 관리자를 대상으로 우수단지 견학 프로그램을 운영하고 있다.

한 신뢰 위에서 국민의 든든한 에너지 파트너로 자리매김하고자 하는 것이 한난의 목표다. 공익 창출에 앞장서는 친환경 에너지 공기업으로서 사회적 책임을 다하며 청정한 미래환경을 만들어 나가는 한난의 노력을 응원한다.

Interview

내부 고객만족으로 고객 체감 만족을 이끌어 내다

최금숙
고객서비스처장

Q 처장님에 대한 간단한 소개와 함께 처장님이 추구하는 CS경영 중점 추진 사항은 무엇인지 함께 소개해 주세요.

한국지역난방공사 고객만족을 총괄하는 고객서비스처장 최금숙입니다. CS 추진은 외부 고객의 만족뿐 아니라 내부 고객 만족 역시 매우 중요한 요소라고 생각합니다. 외부 고객의 니즈를 파악하고 체감가치가 높은 CS 정책을 펼치는 것도 중요하지만, 조직 내부의 CS 내재화·동기화가 충분히 이뤄지지 않는다면 아무리 좋은 CS 정책이라고 해도 실행력과 효과는 떨어질 수밖에 없습니다. 내부 직원의 CS역량 내재화를 위한 충분한 인프라 구축과 전 구성원의 높은 CS 가치의식 공유를 통해 내부의 만족이 자연스럽게 외부 고객의 만족까지 이어질 수 있도록 노력하고 있습니다.

Q 성공적인 고객만족경영을 위한 기관의 차별화 포인트는 무엇인가요?

지난해와 올해 2년 연속 FGI 조사를 하면서 우리 공사에 대한 고객의 생각을 들을 기회가 많았습니다. 많은 고객이 현장에서 직접 발로 뛰는 직원의 역량과 태도에 만족하고 있습니다. 지역난방 특성상 공동주택과 건물 기계실이 계속해서 노후화됨에 따라, 현장 설비 점검과 컨설팅 요청이 많습니다. 이에 따라 무더운 여름철이나 매서운 한파에도 고객 최접점인 설비 현장에서 고객의 눈높이에 맞춰 최선을 다해 높은 수준의 점검서비스와 컨설팅 등을 제공하는 직원의 태도와 역량이 우리 공사의 고객만족도 우수기관 달성을 이끌 수 있었던 원동력이라고 생각합니다. 또한 우리 공사는 고객 최접점에서 근무하는 직원들의 정서적·물리적 지지를 위해 성과 보상제 개편, 전문가 컨설팅단 운영, 전문성 교육 강화, CS 현장 매뉴얼 리뉴얼 등을 추진하고 있습니다.

Q 코로나 팬데믹 이후 변화된 CS정책이나 활동 사례는 무엇인가요?

고객만족서비스와 더불어 고객설비의 효율 향상 및 안전 강화서비스가 한 틀에서 이루어지는 서비스 제공으로 공사의 변화를 고객이 느낄 수 있도록 혁신해야 한다는 CEO의 CS 철학 기조에 따라, 고객과의 현장 소통에 기반한 긍정적인 고객경험관리 강화와 체감가치 향상 중심의 CS 정책을 추진하고 있습니다. 지난해에는 현장 집합 교육, 찾아가는 방문형 컨설팅, 지역난방 효율개선 지원단, 통합 정밀 에너지진단 서비스 등 현장 중심 대면서비스를 확대했습니다. 또한 현장 필수 대면서비스에 대한 상시 만족도 조사를 도입함으로써 긍정적인 고객경험 관리를 강화할 수 있도록 했습니다. 올해에는 안전수준관리제, 우수단지 견학, CS 토탈 케어 드림팀 등을 운영하며 현장서비스를 더욱 확대하고, 고객서비스의 전 주기에 대한 경험 관리 제도를 구축할 예정입니다.

2024 공공기관 고객만족경영
데이터를 통한
고객과의 상호작용

초판 1쇄 인쇄 2024년 8월 23일
초판 1쇄 발행 2024년 8월 30일

발 행 인 이창호
발 행 처 KMAC
기   획 공공리서치본부_이선관, 이재희, 이지남, 김운섭, 임성철, 김동권, 임준오, 조윤호, 김다은
책임편집 한정연
홍보·마케팅 이지완, 한정연
디 자 인 이든디자인
출판등록 1991년 10월 15일 제1991-000016호
주   소 서울 영등포구 여의공원로 101, 8층
문의전화 02-3786-0133 **팩스** 02-784-6507
홈페이지 http://kmacbook.kmac.co.kr

ⓒKMAC, 2024
ISBN 978-89-90701-59-6 93320

값 18,000원
잘못된 책은 바꾸어 드립니다.

이 책은 저작권법에 따라 보호받는 저작물이므로 무단 전재와 무단 복제를 금지하며,
책 내용의 전부 또는 일부를 이용하려면 반드시 KMAC의 동의를 받아야 합니다.